Référendum

74 clefs

pour un

« oui »

ou pour un

« non »

François Huot

Préface de
Gilles Lesage

Éditions Mégaron

Données de catalogage avant publication (Canada)

Huot, François, 1950-

Référendum : 74 clefs pour un « oui » ou pour un « non »

Comprend des réf. bibliogr.

ISBN 2-921888-00-9

1. Québec (Province) - Histoire constitutionnelle. 2. Canada - Histoire constitutionnelle. 3. Canada - Relations entre anglophones et francophones. 4. Relations fédérales-provinciales (Canada) - Québec (Province). I. Titre.

FC2925.2.H86 1995   971.4'04   C95-940761-8
F1053.2.H86 1995

Éditions Mégaron
4296, rue Boyer
Montréal (Québec)
H2J 3C7
Téléphone: (514) 521-9606
Télécopieur: (514) 521-0995

Dépôt légal : 2ᵉ trimestre 1995
Bibliothèque nationale du Québec
Bibliothèque nationale du Canada
ISBN 2-921-888-00-9

Préface

Gilles Lesage,
chroniqueur politique et éditorialiste
au quotidien *Le Devoir*

■ Cet ouvrage arrive à point nommé.

Nul ne sait ce que les prochains mois, encore moins les prochaines années, nous réservent sur le plan politique et constitutionnel. Que le référendum sur l'avenir du Québec ait lieu ou non, quelle que soit la question posée et l'issue de cette consultation populaire, il importe toutefois de savoir de quoi il en retourne.

Un regard rétrospectif permet d'éclairer le présent et de baliser l'avenir. Il est difficile d'y comprendre quelque chose si l'on s'imagine que tout a commencé hier ou que, avant l'émergence de sa propre génération, c'était le désert. Il est encore plus ardu de s'y retrouver si l'on croit que les questions constitutionnelles sont si compliquées que seuls les spécialistes, et les mordus de la politique, s'y meuvent à l'aise.

Autant la mémoire courte est réductrice, pour le commun des mortels, autant les initiés rétrécissent le cercle au lieu de l'élargir. Aussi faut-il saluer avec intérêt toute initiative tendant à nous rappeler que les déboires et méandres de notre vouloir-vivre collectif ont des racines profondes — bien des générations avant 1960, en fait — et à déblayer un terrain trop touffu et dense, pour les profanes que nous sommes tous. Il nous arrive parfois, souvent même, d'avoir l'impression que l'industrie constitutionnelle, avec son jargon et ses rites, est réservé à ceux qui savent ou qui pensent savoir. Comme tout autre, cette industrie compte bon nombre de chevaliers, de sbires et de fumistes. La poudre aux yeux y fait des ravages, là peut-être plus qu'ailleurs, avec la multiplication des experts de tout acabit.

Dans cette jungle où les lianes s'entrelacent si rapidement et solidement, de part et d'autre, le bon sens et le sens commun ont-ils encore droit de cité ?

Voici un aide-mémoire, un vade-mecum fort utile. Ce n'est pas un manuel jargonnard, mais un modeste travail de journaliste qui dresse une feuille de route, un guide en quelque sorte, pour nous aider à nous y retrouver.

Simplement, sans prétention, mais avec concision et succinctement, voici donc un outil de consultation, un ouvrage de référence commode et bien fait.

Le confrère François Huot a raison. Qui que nous soyons, fatigués ou non de sempiternels débats qui tournent en rond, il importe que chacun de nous tente d'y voir plus clair. Si nous ne nous en occupons pas, de cette fichue question de notre avenir collectif, elle risque de nous rattraper au détour. Sans compter que tous les charlatans font leurs tours de magie verbale et verbeuse.

Vulgariser, décoder, décortiquer, expliquer, expliciter, n'est-ce pas la première grandeur de notre métier de journaliste ? Donner des clefs pour faire de la lumière et, sans se prendre pour un ayatollah, essayer de sortir ensemble du dédale, n'est-ce pas se rendre utile ? Des oublis, des carences, il y en a sûrement. Mais le grand mérite de ce compendium, de ce condensé, de ce survol, c'est de permettre à tout citoyen intéressé — et chacun devrait l'être tant les enjeux sont immenses et profonds pour l'avenir — de faire son propre cheminement et son choix personnel.

En toute connaissance de cause, le Québec, ce «village gaulois dans un monde anglophone», est à nouveau à la croisée des chemins. Comme l'écrit l'auteur, chacun doit, pour lui-même, faire son propre «rapatriement» et chercher des réponses aux questions fondamentales. Elles existent. Il y a moyen de les assimiler et de les digérer, sans faire de constipation !

François Huot souligne avec raison que les palabres et les déceptions des dernières décennies, avec leurs négociations en catimini et les transferts de compétences de nos élus vers les tribunaux, laissent un goût amer. Il faut pourtant en revenir. Il y a va de notre intérêt. Tout en se rappelant que ce dossier, ouvert il y a bien des générations, restera d'actualité pour non enfants et petits-enfants. L'importance centrale, la prééminence même, de ce contrat collectif est telle qu'il faut se préoccuper autant des petites lignes que des gros titres, autant des lieutenants trop zélés que des vedettes omniprésentes et tonitruantes.

Ce n'est pas vrai qu'on peut le résoudre une fois pour toutes, ce débat qui nous polarise, nous alimente et nous divise en même temps, pour passer ensuite, enfin, à autre chose, aux affaires sérieuses et urgentes, comme certains le prétendent. Pour nous, c'est et cela restera une affaire urgente et sérieuse. Et, quelle que soit l'issue référendaire, une donnée permanente de notre histoire. Comme une épine au flanc, qui blesse et, à la fois, oblige à rester alerte et vigilant.

Qu'il s'agisse des multiples péripéties constitutionnelles proprement dites, de la langue et de ses maux, de l'affrontement des points de vue qui se poursuit sans cesse, c'est de compétence et de pouvoirs dont il s'agit. Un terrible jeu de souque à la corde. Que l'on soit fédéraliste, souverainiste, confédéraliste, ce vade-mecum soulève des questions pertinentes et utiles. À chacun de mijoter ses réponses et, muni des bonnes clefs, de se tirer de l'impasse, du cynisme et du désabusement.

Être informé, c'est être libre, se plaisait à répéter René Lévesque. Grâce à ces clefs précieuses, le confrère François Huot nous aide à devenir un peu plus libres. Et les caricatures de Michel Marseille, écartant toute morosité ambiante, à nous informer avec bonhomie, teintée de douce ironie. Ces dispositions sont aussi précieuses et rares que les vrais experts, tiraillés que nous sommes par les partisans inconditionnels et les prosélytes qui, de part et d'autre, sollicitent notre allégeance aveugle.

Gilles Lesage
1er mai 1995

Avant-propos

■ Ce n'est pas le temps, paraît-il, d'entreprendre des discussions constitutionnelles. Il faudrait plutôt s'occuper de « jobs », d'économie, d'exportation, de lutte contre le déficit. Et puis, ajoute-t-on, « qu'est-ce que les gens y comprennent ? »

Eh bien non ! Les affaires constitutionnelles ne sont pas compliquées une fois ramenées à l'essentiel : un partage et une lutte de pouvoir entre divers groupes ou gouvernements.

Une constitution ressemble à un contrat de mariage ou d'affaires : chacun doit s'y sentir bien et percevoir qu'il y a un équilibre entre ses intérêts et ceux de ses partenaires. Sinon, il y a danger...

Le nombre de pouvoirs n'est pas infini. D'ailleurs, lorsqu'on analyse les débats constitutionnels depuis 70 ans, on constate que seulement quelques points névralgiques sont en jeu. C'est en les examinant objectivement que les Québécois pourront le mieux répondre à la question : « Le " contrat " (constitution) qui nous lie au Canada est-il satisfaisant ? » Pour y répondre, il convient de poser d'abord les questions suivantes :

• La répartition des pouvoirs : qui peut faire quoi ?

• La modification (amendement) de la constitution : faut-il que tous les gouvernements acceptent un changement ou seulement un certain nombre d'entre eux ?

• La protection des minorités : faut-il, comme c'est le cas actuellement, protéger uniquement les minorités linguistiques provinciales ou faudrait-il adopter des mesures pour la minorité linguistique nationale (les francophones) ?

• Les immigrants : qui peut les sélectionner ?

• La Cour suprême tranche les litiges entre les gouvernements. Le Québec devrait-il avoir un pouvoir sur la nomination des juges provenant du Québec ?

• La constitution permet-elle l'expression des différences culturelles ?

2. Chacun peut se faire une solide idée.
Seul !

■ Ce petit livre repose sur la prétention que chacun peut se faire une idée, indépendamment des «ténors» de toutes tendances.

■ Que l'on soit fédéraliste, souverainiste ou partisan d'une union confédérale entre le Québec et le Canada, les discussions des vingt dernières années ont laissé un goût amer et peu contribué à «donner le goût de la politique». Qui a prisé ces longues et laborieuses négociations derrière des portes closes? Qui a apprécié ces recours aux tribunaux —donc à des juges— pour trancher entre des élus du peuple?

■ En dépit des milliers d'éléments d'information et des multiples comités d'étude, peu de gens ont l'impression de comprendre ce qui se passe. «Rapatriement», droit de veto, droit de retrait avec compensation financière, clause dérogatoire ou «nonobstant», tout cela mérite d'être expliqué, simplement. Pensons par exemple au « rapatriement » de la constitution : pourquoi le Canada —pourtant un pays indépendant depuis 1931— devait-il «rapatrier» de Londres sa constitution? Pourquoi cette dernière était-elle encore en Angleterre?

Pourquoi le Parlement britannique devait-il voter une loi pour cela?

Pourquoi l'Assemblée nationale du Québec a-t-elle toujours refusé d'entériner la *Loi constitutionnelle de 1982*? La constitution de 1867 est-elle toujours en vigueur? De quels textes se compose-t-elle?

Quelles obligations linguistiques impose-t-elle aux provinces?

Quels droits reconnaît-elle aux populations autochtones?

Le Canada est-il toujours une monarchie?

■ Le but de cet ouvrage est de permettre à chacun d'effectuer son propre «rapatriement» en se familiarisant avec les données de base.

À une époque où une bonne part de l'humanité ne jouit pas des avantages d'un régime démocratique, il serait ironique de voir la population d'un pays libre se désintéresser de sa propre vie politique tout simplement parce qu'elle est «lasse» d'entendre parler de constitution.

3. Une constitution dit ce qu'on peut faire et ne pas faire.

■ Pourquoi parler de constitution? Parce que c'est la principale loi d'un pays. C'est le contrat de base définissant les droits et obligations de chacun, une sorte de bail à long terme.

Quelques mots en plus ou en moins et c'est tout le secteur des richesses naturelles qui tombe dans les mains d'un gouvernement ou d'un autre.

Quelques mots en plus ou en moins et c'est la *Loi 101* qui reste intacte ou voit plusieurs de ses articles annulés par la Cour suprême du Canada.

Quelques mots en plus ou en moins et c'est la possibilité ou l'impossibilité pour une province de s'opposer à une décision du Parlement canadien et de sept autres provinces comptant plus de 50 % de la population canadienne.

Quelques mots en plus ou en moins et les francophones en dehors du Québec obtiennent plus de droits.

Quelques mots en plus ou en moins et la répartition des richesses entre provinces est modifiée et nous voilà plus riches ou plus pauvres.

■ Au Canada, l'économie, l'éducation, la langue ainsi que les rapports entre les groupes linguistiques sont conditionnés par les règles constitutionnelles. Tout simplement parce que la constitution partage les pouvoirs entre des gouvernements dont les intérêts particuliers ne convergent pas nécessairement. Refuser de s'occuper des affaires constitutionnelles, c'est accepter que d'autres définissent les règles du jeu. Il est ensuite trop tard pour se plaindre...

■ Que feraient les clubs de hockey *Le Canadien de Montréal* et *Les Nordiques de Québec* si une modification à la constitution de la *Ligue nationale de hockey* les obligeait à jouer avec un attaquant en moins au cours des cinq dernières minutes d'un match ? Nul doute qu'ils réagiraient vigoureusement et dénonceraient l'injustice d'un tel règlement. Une constitution, affirmeraient-ils, doit prévoir des règles favorisant l'équilibre et l'égalité entre les membres. Il en est de même pour un pays !

> **4. À partir du 15 novembre 1976, les événements s'accélèrent avec l'arrivée au pouvoir du Parti québécois : les vieux fantômes du débat constitutionnel sortent du placard !**

■ Des milliers de pages ont été écrites sur les affaires constitutionnelles au Canada ; de nombreuses commissions ont enquêté, écouté des experts et des citoyens, étudié des centaines de rapports. Les premiers ministres des provinces et du pays se sont rencontrés des dizaines de fois, le plus souvent pour constater que leurs opinions divergeaient...

■ Par quelle question commencer ? Par ce qu'un observateur raconterait à un étranger.

Après l'explication de quelques clefs de base (*chapitre 1*), il évoquerait cinq grands événements et périodes (*chapitre 2*) :

1. la victoire du Parti québécois du 15 novembre 1976 ;

2. la défaite du « oui » au référendum du 20 mai 1980 ;

3. le rapatriement de la constitution piloté par le premier ministre Pierre Elliott Trudeau en 1981 et 1982 ;

4. le refus de l'Assemblée nationale du Québec d'accepter la modification constitutionnelle de 1982 ;

5. l'échec des deux tentatives de « ramener » le Québec dans la famille canadienne (accords du lac Meech de 1987 et de Charlottetown de 1992).

■ Peut-on parler de la constitution canadienne sans traiter des questions de langues ? C'est impossible, car les relations entre anglophones et francophones sont au cœur du problème (*chapitre 3*).

■ Et puis, bien souvent, il vaut mieux laisser la parole aux principaux acteurs (*chapitre 4*).

■ Peut-on être totalement objectif dans une telle affaire ? Probablement pas. Personne ne l'est en ce pays où coexistent plusieurs « sociétés distinctes », dont deux (les francophones et les autochtones) doivent, à l'échelle continentale, « se frotter » à 275 millions d'anglophones. Dans cette « affaire de cœur », il convient de garder la tête froide...

Chapitre 1

Les clefs de base

**5. Le Canada avant 1982 :
un pays dont la constitution habitait ailleurs...**

■ Un pays indépendant sans constitution propre, voilà ce qu'était le Canada jusqu'au «rapatriement» de 1982.

■ Le Canada a perdu son statut de colonie britannique et est devenu indépendant en 1931 avec l'adoption par le Parlement de Londres du *Statut de Westminster*. Mais cette accession du Canada à la souveraineté n'a pas été accompagnée du retour ou rapatriement de la constitution au pays. Tout simplement parce que les provinces et le gouvernement fédéral ne s'entendaient pas sur une formule d'amendement (ou de modification) de cette constitution. L'accord des provinces apparaissant à tous comme obligatoire, le rapatriement était dès lors impossible.

■ C'est pour cela que le *Statut de Westminster* contient un passage indiquant que le Canada peut abroger ou modifier toutes les lois britanniques applicables sur le territoire... sauf les *Actes de l'Amérique du Nord britannique* (c'est-à-dire la constitution de 1867 —l'*Acte de l'Amérique du Nord Britannique* [AANB]— et tous les autres actes ou lois adoptés ensuite). Strictement parlant, le Canada n'est donc pas en 1931 un pays totalement souverain puisque seul Londres peut encore modifier sa loi suprême (ce sera le cas une dizaine de fois entre 1931 et 1982, mais toujours à la demande du gouvernement canadien).

■ Le cœur du problème résidait donc dans la formule du vote pour changer la constitution : fallait-il l'accord unanime du fédéral et de toutes les provinces ou uniquement d'un certain nombre d'entre elles ? Voilà la question... réglée en 1982 (*voir clef 24*).

■ *Proclamation royale* de 1763 : celle-ci réglemente la vie politique et sociale du Québec en accordant tous les pouvoirs à un gouverneur auquel il est recommandé d'agir «conformément autant que possible aux lois anglaises... »

■ *Acte de Québec* de 1774 : ce texte représente une victoire des partisans de la méthode souple, du «french party». Outre que le territoire de la province est sensiblement agrandi (la région des Grands Lacs est intégrée au Québec), les Canadiens (nom des francophones à l'époque) obtiennent la liberté de religion. Quant aux lois, un système mixte est mis en place : lois anglaises pour les crimes et code civil français pour tout ce qui concerne les relations privées entre les personnes (mariage, contrat d'affaires, etc.).

■ *Acte constitutionnel* de 1791 : celui-ci divise la colonie en deux, le Haut-Canada (Ontario) et le Bas-Canada (Québec). Encore une fois, un gouverneur général est le personnage central du système, mais il doit cohabiter avec une chambre élue par le peuple dans chacun des Canada — c'est le début de la démocratie parlementaire au pays. En cas de conflit entre le gouverneur et l'assemblée du peuple, c'est cependant le gouverneur qui, théoriquement, a le dernier mot. Mais les députés de chaque Canada ne l'entendent pas ainsi. La révolte éclate de part et d'autre ; celle des *patriotes* au Québec sera rapidement et sévèrement réprimée.

Devant la situation, Londres suspend la constitution et charge un expert, Lord Durham, d'enquêter. Son célèbre rapport, qui suggère l'assimilation des Canadiens français, prépare le lit de la constitution de 1840.

■ *Acte d'Union* de 1840 : cette constitution unit les deux Canada en une entité, la «Province du Canada». Mais ce «mariage» échoue et alourdit le climat politique qui se détériore d'autant plus rapidement que les relations avec les États-Unis sont difficiles. La guerre gronde entre les deux pays. D'où l'union fédérale de 1867 entre les deux Canada, le Nouveau-Brunswick et la Nouvelle-Écosse. C'est un «compromis» car les pouvoirs sont partagés entre le gouvernement fédéral et ceux des provinces.

7. La constitution de 1867 :
trois partenaires forment une fédération de quatre provinces
dans laquelle le Québec a un poids d'environ 33 %.

■ Maintenant appelée *Loi constitutionnelle de 1867* et non plus *Acte de l'Amérique du Nord britannique*[1] (AANB), la constitution de 1867 fait d'abord allusion à un pacte volontaire entre les parties. Le début du texte commence d'ailleurs par ces mots : « Loi concernant l'Union et le gouvernement du Canada, de la Nouvelle-Écosse et du Nouveau-Brunswick, ainsi que les objets qui s'y rattachent.

« [29 mars 1867]

« Considérant que les provinces du Canada, de la Nouvelle-Écosse et du Nouveau-Brunswick ont exprimé le désir de contracter une Union Fédérale pour ne former qu'une seule et même Puissance (*Dominion*) sous la couronne du Royaume-Uni de la Grande-Bretagne et d'Irlande, avec une constitution reposant sur les mêmes principes que celle du Royaume-Uni... »

■ Le régime créé en 1867 est une fédération, c'est-à-dire un système dans lequel les pouvoirs et responsabilités sont partagés entre le gouvernement fédéral et les provinces. Bien que le terme *confédération* soit souvent utilisé, il est inexact : une confédération désigne l'union d'États qui conservent leur souveraineté.

■ Comme toute constitution, celle de 1867 définit comment seront organisées les assemblées parlementaires ou législatives. Deux assemblées sont créées pour former le Parlement fédéral : le Sénat et la Chambre des communes.

■ À l'origine, la répartition des 181 sièges à la Chambre des communes et des 72 du Sénat était celle-ci :

    1. Ontario :   82 et 24 ;
    2. Québec :   65 et 24 ;
    3. Nouvelle-Écosse :   19 et 12 ;
    4. Nouveau-Brunswick :   15 et 12.

■ En 1867, le « poids » du Québec au sein de l'appareil législatif canadien est de 36 % aux Communes et de 33 % au Sénat.

■ Aujourd'hui, en raison de l'évolution démographique, ces pourcentages sont respectivement de 25 % et de 21 %.

8. La constitution de 1867:
les pouvoirs des provinces.

■ **Compétences exclusives** [2] : les provinces ont le pouvoir exclusif de légiférer dans une vingtaine de domaines, dont «...la taxation directe [dans] le but de prélever un revenu pour des objets provinciaux; [...] l'établissement, l'entretien et l'administration des hôpitaux, asiles, institutions et hospices de charité; [...] les institutions municipales; [...] la propriété et les droits civils; [...] l'administration de la justice... »

■ **Compétences divisées** : la constitution indique par ailleurs que les provinces ont compétence relativement à « l'incorporation des compagnies pour des objets provinciaux». Cela suppose que, pour les objets fédéraux, c'est le gouvernement fédéral qui a compétence. Ainsi, pour le transport aérien interprovincial —un secteur fédéral— les sociétés (compagnies) sont constituées en vertu de lois fédérales.

Il y a donc des secteurs comme celui de la constitution de compagnies où chacun des gouvernements possède une part exclusive du «gâteau».

L'éducation, qui relève des provinces, constitue un cas particulier. Chaque province a l'autorité exclusive pour légiférer, mais à condition de respecter les droits et privilèges des écoles «séparées» ou « dissidentes» (catholiques en dehors du Québec, protestantes au Québec). Cette règle (article 93) empêche le Québec d'abolir ses commissions scolaires confessionnelles pour les remplacer par des commissions linguistiques.

Si jamais une province ne respectait pas ses obligations, le Parlement fédéral pourrait intervenir et imposer sa loi.

■ **Compétences concurrentes en agriculture et immigration** : les provinces peuvent légiférer, mais «le Parlement du Canada pourra de temps à autre faire des lois relatives à l'agriculture et à l'immigration [...] et toute loi de la législature d'une province [...] n'y aura d'effet qu'aussi longtemps et tant qu'elle ne sera pas incompatible avec aucune des lois du Parlement du Canada ».

■ Conclusion? Le gouvernement fédéral a plus de poids que les provinces. Il peut les ramener à l'ordre et ses lois suffisent à l'occasion pour invalider une loi provinciale.

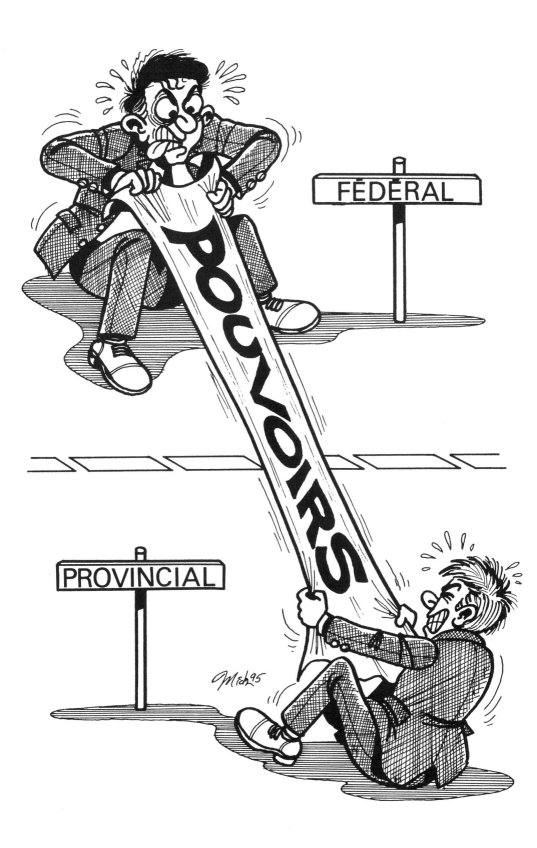

9. La constitution de 1867 :
les pouvoirs du fédéral.

■ **Domaines fédéraux.** Il y en a une trentaine, qui, selon le langage de l'époque, se lisent ainsi : « le prélèvement de deniers par tous modes ou systèmes de taxation ; [...] la réglementation du trafic et du commerce ; [...] le service postal ; [...] la défense ; [...] les pêcheries des côtes de la mer et de l'intérieur ; [...] le cours monétaire et le monnayage ; [...] les Indiens et les terres réservées pour les Indiens ; [...] le mariage et le divorce ; [...] l'établissement, le maintien, et l'administration des pénitenciers. »

Ce sont là des sujets bien « terre à terre » propres à un gouvernement local et non à celui d'un pays. Cela tient au fait que le Canada est toujours une colonie en 1867 ; c'est pourquoi la constitution ne parle pas de politique extérieure ou de relations internationales.

Néanmoins, le texte a prévu que les choses pourraient changer et il a accordé au gouvernement fédéral des responsabilités générales : c'est le *pouvoir résiduaire*.

■ **Pouvoir résiduaire** : le gouvernement fédéral peut « faire des lois pour l'ordre, la paix et le bon gouvernement du Canada, relativement à toutes les matières [non provinciales]... » En d'autres mots, tout ce qui ne relève pas des provinces appartient au fédéral : c'est le *pouvoir résiduaire* (selon le Parti québécois, ce pouvoir est l'une des causes de la centralisation excessive et est contraire aux intérêts du Québec — *voir clef 16*).

■ **Prépondérance des lois fédérales** : tout ou presque étant relié, une question sera provinciale ou fédérale selon l'angle sous lequel on la regarde. Aussi, quand il y a contradiction entre une loi provinciale et une loi fédérale et que les deux sont valides, la loi fédérale l'emporte.

■ **Pouvoir fédéral de dépenser** dans des champs de compétence provinciaux. Ce pouvoir n'est pas inscrit dans la constitution, mais dans les faits : le fédéral ayant de l'argent et les provinces, d'énormes responsabilités (santé, éducation), le gouvernement central est venu aider les provinces, tout en assortissant son aide de conditions (normes[3] — *voir clefs 31, 62, 67 et 70*).

10. La question de la langue en 1867 : usage facultatif et obligatoire dans les assemblées législatives et les tribunaux du Québec et du fédéral.

- En 1867, la coexistence de francophones et d'anglophones est réglée par l'article 133, qui impose le bilinguisme dans les institutions fédérales et québécoises.

Cet article, souvent cité, dit ceci :

« Dans les chambres du Parlement du Canada et les chambres de la législature de Québec, l'usage de la langue française ou de la langue anglaise, dans les débats, sera facultatif ; mais dans la rédaction des archives, procès-verbaux et journaux respectifs de ces chambres, l'usage de ces deux langues sera obligatoire ; et dans toute plaidoirie ou pièce de procédure par-devant les tribunaux ou émanant des tribunaux du Canada qui seront établis sous l'autorité de la présente loi, et par-devant tous les tribunaux ou émanant des tribunaux de Québec, il pourra être fait également usage, à faculté, de l'une ou de l'autre de ces langues.

« Les lois du Parlement du Canada et de la législature de Québec devront être imprimées et publiées dans ces deux langues. »

- C'est en vertu de cet article que fut déclarée inconstitutionnelle (illégale) une partie de la *Loi 101* (*Charte de la langue française*) adoptée le 26 août 1977 (*voir clef 50*).

- Mais qu'en est-il de la constitution de 1867 —l'*Acte de l'Amérique du Nord britannique* ? Loi anglaise, elle ne fut évidemment adoptée qu'en anglais. Ce ne fut pas le cas de la *Loi constitutionnelle de 1982*, qui, même si elle fut adoptée par le Parlement de Londres, comporte des versions officielles en anglais et en français.

Pour qu'une version française de la loi de 1867 devienne officielle, il faudrait procéder exactement comme si on modifiait la constitution...

Cette procédure est complexe, comme on a pu le constater avec l'Accord du lac Meech, qui proposait une modification de la constitution (*voir clef 32*). Présentement, il n'y a pas encore de version française officielle de la constitution de 1867. Concrètement, on utilise une « codification administrative » du ministère de la Justice du Canada.

11. En 1949, le gouvernement fédéral agit seul en acceptant Terre-Neuve au sein du Canada et en rapatriant partiellement la constitution.

■ C'est le gouvernement fédéral, seul, qui mène en 1949 le dossier de l'intégration de Terre-Neuve au sein de la fédération canadienne. Toute l'opération est menée «sans consultation ni entente avec les provinces», écrit en 1984 l'avocat et professeur Gil Rémillard (futur ministre québécois des Affaires intergouvernementales canadiennes)[4]. De fait, une ou deux provinces seulement auraient indiqué au gouvernement fédéral que ce dernier aurait dû les consulter.

■ L'événement le plus important de l'année 1949 est la prérogative que se donne le gouvernement fédéral de modifier la constitution dans les domaines n'intéressant que lui seul (le fonctionnement de la Chambre des communes par exemple).

Le premier ministre du Québec, Maurice Duplessis, proteste, affirmant que la fédération est le résultat d'un pacte volontaire entre des partenaires et que le gouvernement fédéral doit son existence aux provinces.

L'amendement fut néanmoins adopté par Londres. Souvent appelé «rapatriement partiel de la constitution», ce texte (remplacé en 1982 par une nouvelle formule d'amendement — *voir clef 24*) permettait au fédéral de modifier «de temps à autre, la constitution du Canada».

■ L'adoption de cet amendement constituait, sinon une révolution, du moins un tournant majeur car on avait toujours pensé que la constitution ne pouvait être modifiée sans le consentement des provinces.

■ Toujours en 1949, le gouvernement fédéral abolit définitivement la procédure d'appel au *Comité Judiciaire du Conseil Privé*, qui était encore le tribunal ultime pour les affaires non criminelles. Désormais ce rôle revenait à une cour canadienne, la Cour suprême du Canada. Maurice Duplessis critiqua cette initiative car il y voyait un conflit d'intérêts : étant une «création du gouvernement fédéral», la Cour suprême ne pouvait selon lui agir comme arbitre impartial entre le fédéral et les provinces.

12. Au Québec, « révolution tranquille » à partir de 1960...

■ Les années 60 sont celles de la « révolution tranquille » au Québec. Réformes sociales, nationalisation de compagnies d'électricité, libéralisation des mœurs, recul du catholicisme, manifestations de rue, engagement politique des grandes centrales syndicales, exposition universelle à Montréal en 1967, tout bouge dans ce Québec « moderne et tourné vers l'avenir ».

■ Les liens entre le Québec et le reste du Canada sont remis en question. L'idée d'indépendance se développe.

■ Quelques dates marquent le cheminement de l'idée d'indépendance et de l'option contraire, le fédéralisme :

• 1963 : le Front de libération du Québec (FLQ) pose des bombes pour dénoncer l'état de soumission du Québec au sein du régime politique et économique canadien ;

• 1964 : le Ralliement pour l'indépendance nationale (RIN), l'une des forces indépendantistes, se transforme en parti politique ; aux élections de 1966, le RIN présente 73 candidats. Aucun n'a été élu et le parti a récolté près de 4 % des votes ;

• 1966 : élection au Québec du parti de l'Union nationale, dirigé par Daniel Johnson, auteur du livre *Égalité ou indépendance* (1965). Daniel Johnson veut plus de pouvoirs pour le Québec ;

• 1967 : le président de la France, le général de Gaulle, lance un « Vive le Québec libre » à l'occasion d'une visite au Canada ;

• 1968 : Pierre Elliott Trudeau, un Québécois fédéraliste et fort populaire, devient le premier ministre du Canada ; René Lévesque, ancien ministre libéral, fonde le Parti québécois (PQ) et propose la souveraineté-association (*voir clef 18*) tout en ralliant les autres leaders et groupes indépendantistes ;

• 1970 : aux élections d'avril, le PQ près de 23 % du vote et sept députés. En octobre, un diplomate britannique (James Richard Cross) et un ministre du gouvernement provincial (Pierre Laporte) sont enlevés. Le gouvernement canadien de Pierre Elliott Trudeau proclame la *Loi sur les mesures de guerre* ; l'armée occupe le Québec, des centaines de personnes sont incarcérées ;

• 1973 : aux élections du 29 octobre au Québec, le Parti québécois gagne seulement six sièges mais obtient 30 % du vote...

13. La langue, source de mobilisation populaire.

■ Au début des années 60, le Québec francophone prend conscience de l'anglicisation des immigrants non francophones. Ce phénomène, constate-t-on, se produit à travers les écoles publiques primaires et secondaires, dont l'accès est alors totalement libre.

■ Les milieux nationalistes alertent l'opinion publique qui, progressivement, prend elle aussi conscience du problème. La crise se prépare... et éclate à Saint-Léonard, en banlieue de Montréal. La commission scolaire locale avait ouvert des classes bilingues au niveau primaire, mais on s'aperçut que ces classes n'étaient qu'une voie d'entrée vers l'école secondaire anglaise.

De locale, l'affaire devint rapidement provinciale en raison de son enjeu. «La crise de Saint-Léonard, écrit le sociologue Guy Rocher, eut un effet de miroir: elle reflétait l'image d'une langue française qui était entièrement démunie de tout pouvoir d'attraction auprès des nouveaux venus. Il en était ainsi parce que l'anglais était la langue de l'économie, la langue du travail et celle des affaires, bref la langue que des immigrants désiraient apprendre et surtout faire apprendre à leurs enfants.[5]»

■ La crise de Saint-Léonard permit aussi de constater que le Québec n'avait aucune législation linguistique.

■ Le gouvernement de l'Union nationale dirigé par Jean-Jacques Bertrand fit adopter en novembre 1969 la *Loi 63* intitulée *Loi pour promouvoir la langue française au Québec*. Objet de manifestations avant son adoption, cette loi fut rapidement dénoncée par les milieux nationalistes, car elle ne freinait en rien l'expansion du réseau scolaire anglophone.

■ Arrivés au pouvoir en avril 1970 et réélus en 1973, le Parti libéral du Québec et son chef Robert Bourassa firent adopter en avril 1974 la *Loi 22* ou *Loi sur la langue officielle*. Celle-ci mettait un terme au libre choix de l'école : désormais, seuls auraient accès à l'école anglaise les enfants possédant une «connaissance suffisante» de l'anglais. Dénoncée comme trop ou trop peu coercitive, cette loi fut rapidement remplacée le 26 août 1977 par la *Loi 101* après la prise du pouvoir par le Parti québécois le 15 novembre 1976.

14. La Charte de Victoria de 1971 : on s'entend enfin sur une formule d'amendement mais on échoue sur la répartition des pouvoirs.

■ «La formule de Victoria» est une expression qui revient souvent dans la bouche des «habitués» des affaires constitutionnelles. Avec raison, car la question constitutionnelle fut près d'être partiellement réglée en juin 1971 à Victoria.

Quelques mois plus tôt, on s'était entendu sur une formule d'amendement et, pour aller plus loin, le premier ministre Trudeau avait proposé, en prévision de la rencontre de juin, une charte en dix points. Le climat de l'époque était propice car, dans la foulée des événements d'octobre 1970 au Québec, il y avait une volonté de régler le problème constitutionnel.

■ La formule d'amendement acceptée comprenait diverses façons de modifier la constitution, chacune étant réservée à l'importance du changement à y apporter. Notons simplement que, pour les amendements les plus importants (ceux touchant le fédéral et toutes les provinces), leur acceptation exigerait l'accord du Sénat, de la Chambre des communes et d'une **majorité de provinces**.

Ce qui était intéressant pour le Québec, c'est que cette majorité devait obligatoirement comprendre toute province comptant en 1971 (ou plus tard) au moins 25 % de la population du Canada, ce qui donnait en fait un droit de veto[6] au Québec et à l'Ontario.

■ La Charte de Victoria ne fut finalement pas adoptée lors de la conférence tenue du 14 au 17 juin 1971. Pourquoi ? Parce que, aux yeux du Québec, l'ensemble de la réforme ne proposait aucun véritable partage des pouvoirs.

Or le Québec voulait obtenir des pouvoirs sur les questions sociales (allocations familiales, formation de la main-d'œuvre) et voulait également recevoir une compensation financière en cas de non-participation à un programme fédéral.

■ Le Québec souhaitait aussi à l'époque traiter du pouvoir de dépenser du fédéral (*voir clef 9*), du Sénat, des relations internationales, des institutions financières. C'est pour cela que Robert Bourassa, fidèle en cela à la position traditionnelle du Québec, a utilisé son droit de veto pour refuser la formule de Victoria.

Chapitre 2

Les vingt dernières années...

**15. Porté au pouvoir le 15 novembre 1976,
le Parti québécois demande par référendum le 20 mai 1980 un
mandat pour négocier
une nouvelle entente Québec-Canada.**

- La question du référendum de 1980 ne porte pas directement sur la souveraineté, mais sur un mandat de négocier.
- Longue, cette question était ainsi formulée : « Le Gouvernement du Québec a fait connaître sa proposition d'en arriver, avec le reste du Canada, à une nouvelle entente fondée sur le principe de l'égalité des peuples ;

cette entente permettrait au Québec d'acquérir le pouvoir exclusif de faire ses lois, de percevoir ses impôts et d'établir ses relations extérieures, ce qui est la souveraineté — et, en même temps, de maintenir avec le Canada une association économique comportant l'utilisation de la même monnaie ;

aucun changement de statut politique résultant de ces négociations ne sera réalisé sans l'accord de la population lors d'un autre référendum ;

en conséquence, accordez-vous au Gouvernement du Québec le mandat de négocier l'entente proposée entre le Québec et le Canada ? »

OUI ☐   40,44 %

NON ☐   59,56 %

**16. Le livre blanc du gouvernement péquiste
critique le fédéralisme canadien en dénonçant
son caractère centralisateur.**

■ À l'occasion du référendum, le gouvernement du Parti québécois publie un livre blanc expliquant sa position sous le titre *La nouvelle entente Québec-Canada/Proposition du gouvernement du Québec pour une entente d'égal à égal : la souveraineté-association*[7]. C'est au deuxième chapitre que se trouve la critique du fédéralisme.

■ La principale critique est celle-ci : le fédéralisme tend progressivement et rapidement vers une centralisation de plus en plus forte et sert d'abord les intérêts des autres provinces canadiennes. Ce mouvement de fond, écrit-on, a bien rencontré la résistance de plusieurs premiers ministres du Québec (Duplessis, Sauvé, Lesage, Johnson, Bertrand, Bourassa), mais la tendance vers la centralisation a été la plus forte. Le « territoire politique » du Québec rétrécit continuellement au Canada.

■ Le texte identifie quatre grandes causes de centralisation :

1. la volonté de la population canadienne-anglaise ;

2. l'apparition de crises (dépression économique, guerre) ayant permis au gouvernement fédéral d'envahir des champs de compétence provinciaux. « Tout, écrit-on, fut prétexte à des interventions fédérales multipliées, avec l'assentiment de la majorité canadienne [qui approuvait l'application de] solutions "nationales". Nécessité fait loi ; et le Québec subissait, bien malgré lui, la loi de la majorité » ;

3. l'attribution au fédéral de tous les pouvoirs non explicitement provinciaux (*pouvoir résiduaire*). La constitution ayant été écrite au XIXe siècle, tout ce qui apparaît au fil des ans « tombe » du côté du fédéral (radio-télévision, l'aviation, etc.) ;

4. l'attribution par la constitution de pouvoirs tels que le fédéral a « pu augmenter ses pouvoirs grâce à des ressources fiscales et financières supérieures [car] la constitution l'autorise, en effet, à lever des impôts et taxes de toute nature... ».

17. Le gouvernement québécois dénonce l'interventionnisme d'Ottawa et le favoritisme au profit de l'Ontario.

■ L'interventionnisme d'Ottawa, affirme le livre blanc, s'est particulièrement manifesté lors de la Deuxième Guerre mondiale, alors qu'Ottawa empruntait aux provinces le pouvoir de lever des impôts... et refusait de le rendre après le conflit! Le Québec réussit à renverser la vapeur grâce au premier ministre Duplessis qui, en 1954, institua un impôt provincial sur le revenu. C'est aussi contre la volonté d'Ottawa que le Québec, gouverné par Jean Lesage, se dotait dans les années 1964-1965 de son propre régime de rentes et de l'organisme qui en gère les fonds (Caisse de dépôt et de placement du Québec).

■ Le document présente des secteurs qui auraient été envahis par le gouvernement fédéral. Il mentionne entre autres:

• les relations de travail, par une loi instituant le contrôle des prix et des salaires;

• les municipalités (des «créatures» des provinces), par l'offre de subventions fédérales directes;

• les richesses naturelles, par le biais du commerce interprovincial et international, le gouvernement central a «nationalisé» la mise en marché du pétrole et du gaz. Le texte ajoute: «Nouvelle intrusion extrêmement dangereuse pour le Québec, qui regorge de richesses naturelles, —et qui pourrait perdre la maîtrise du plus important de ses instruments de développement!»

• la culture, par l'attribution exclusive de la juridiction sur la radiophonie, la télévision, la câblo distribution, et par des dépenses tous azimuts (arts, lettres, parcs, musées, livres, etc.).

■ Quant à la politique économique, le fédéral se serait servi des principaux leviers économiques pour favoriser le développement industriel de l'Ontario en y concentrant entre autres la plupart de ses quelque 400 organismes et sociétés. De 1961 à 1977, ajoute le document, «la part des dépenses du gouvernement fédéral directement créatrices d'emploi (salaires, biens et services, subventions et investissements) faites au Québec [a été] de 20,6 % — contre 40 % en Ontario».

18. La proposition du PQ : souveraineté et association

■ La souveraineté, c'est « le pouvoir de lever tous les impôts, de faire toutes les lois et d'être soi-même présent sur le plan international ; c'est aussi la possibilité d'exercer librement, en commun, avec un ou plusieurs États, certains de ses pouvoirs nationaux ».

■ Le document présente aussi quelques éléments concrets de la souveraineté.

• Lois : les lois fédérales continueront, du moins pendant un certain temps, d'être valides, tant qu'elles n'auront pas été modifiées ou remplacées par l'Assemblée nationale.

• Citoyenneté : lors de l'accession à la souveraineté, seront automatiquement citoyens québécois les citoyens canadiens résidant au Québec et ceux qui y seront nés. Les nouveaux citoyens québécois seront-ils aussi canadiens ? Tout dépend du Parlement du Canada, le Québec n'y voyant pas d'objection.

• Minorités : conservation des droits déjà accordés pour la minorité anglophone et, pour les autres, attribution des « moyens nécessaires à la mise en valeur de leurs richesses culturelles ».

■ Le volet association fait lui aussi l'objet de précisions.

• On propose le maintien de la libre circulation des marchandises et des personnes ainsi que de l'utilisation du dollar canadien.

• Les deux États devront en outre harmoniser tout un ensemble de règles portant par exemple sur le transport aérien, les chemins de fer, le marché du travail, la défense.

• Tout cela supposant des institutions communautaires, on suggère la formation de quatre « organismes Québec-Canada » chargés du bon fonctionnement de la « Communauté » :

- un Conseil communautaire formé de ministres pour le règlement des grandes questions concernant les deux pays ;

- une Commission d'experts pour le fonctionnement technique ;

- une Cour de justice pour l'interprétation du traité d'association ;

- une Autorité monétaire pour la monnaie commune.

19. Pierre Elliott Trudeau s'engage solennellement à réformer le fédéralisme.

■ Le jeudi 15 mai 1980, donc cinq jours avant le référendum, le premier ministre du Canada, Pierre Elliott Trudeau, déclare au Centre Paul-Sauvé à Montréal : «Je sais que je peux m'engager solennellement qu'après [une victoire du " non"] nous prendrons des mesures immédiates pour renouveler la constitution [...] Et je déclare solennellement ceci à tous les Canadiens des autres provinces : nous, députés du Québec, mettons notre tête sur le billot parce que nous recommandons aux Québécois de voter "non" et vous disons, à vous des autres provinces, que nous n'accepterons pas que vous interprétiez un vote pour le "non" comme l'indication que tout va bien et que tout peut demeurer comme avant. Nous voulons des changements et nous sommes prêts à mettre nos sièges en jeu pour les obtenir.»

■ À quelques jours du vote, le ton et le contenu de ce discours jouent un rôle important et renforcent la victoire du «non».

■ Plusieurs ont ensuite reproché à Pierre Elliott Trudeau de ne pas avoir «livré la marchandise» en appliquant une réforme constitutionnelle contre la volonté de l'Assemblée nationale du Québec.

■ Voici ce qu'en dit Pierre Elliott Trudeau dans une lettre ouverte au quotidien *La Presse* et publiée le 10 mars 1989. Évoquant les réformes mises en place, il écrit : «Bien entendu, ce n'était pas là les réformes voulues par les séparatistes et par ceux des nationalistes qui voulaient un statut particulier pour le Québec. Mais en vertu de quelle logique auraient-ils été autorisés à croire que la défaite du "oui" serait suivie de réformes de nature à plaire au camp du "oui", et contre lesquelles une bonne partie du camp du "non" s'était toujours battue ?»

■ En 1992, Pierre Elliott Trudeau, dans un manifeste contre l'accord de Charlottetown, indique que sa phrase de 1980 n'était pas une promesse destinée aux Québécois mais «s'adressait explicitement aux autres provinces pour les enjoindre de reprendre les négociations constitutionnelles...[8]».

> **20. Le train fédéral fonce à toute allure
> pour arriver à une entente.
> Les divergences sont nombreuses,
> mais Ottawa a de solides alliés parmi les provinces.**

■ Dès le lendemain du référendum, le train fédéral se met en marche. Le ministre de la Justice, Jean Chrétien, effectue une tournée des capitales provinciales. Une conférence fédérale-provinciale est prévue en septembre. Entre-temps, on apprend que le premier ministre est disposé à agir unilatéralement en cas d'échec. Le ton est donné...

■ Au fil des semaines et des mois qui vont suivre, de multiples projets seront élaborés autour d'une dizaine de points constituant le nœud de la question des relations fédérales-provinciales. Sont en jeu à la fois des conceptions du fédéralisme ainsi que des intérêts financiers et politiques. Onze gouvernements, onze opinions sur toutes ces questions :

1. les richesses naturelles et le commerce interprovincial ;
2. les droits fondamentaux ;
3. la péréquation (répartition de la richesse) et les inégalités régionales ;
4. la Cour suprême ;
5. le Sénat ;
6. le rapatriement et une formule d'amendement ;
7. les pêches et les pouvoirs sur l'économie.

■ Des multiples retournements qui vont survenir entre septembre 1980 et novembre 1981, retenons que l'Ontario et le Nouveau-Brunswick «navigueront» auprès du «capitaine» Pierre Elliott Trudeau. Selon la petite histoire des ultimes tractations menant à l'«accord du 5 novembre 1981» (*voir clef 22*), c'est ce qui leur permettra de faire pression sur lui pour qu'il accepte le compromis (incluant la clause dérogatoire ou «nonobstant» — *voir clef 23*) atteint sans le Québec [9].

■ En septembre 1980, les divergences sont telles lors de la rencontre fédérale-provinciale que le gouvernement fédéral décide de rapatrier unilatéralement la constitution.

21. La Cour suprême ouvre une porte :
l'accord de toutes les provinces n'est pas nécessaire !

■ Le projet fédéral comporte plusieurs dispositions ayant pour effet de modifier les pouvoirs ou les lois des provinces. Dans le domaine de l'éducation par exemple, le projet de charte des droits vient limiter le pouvoir législatif des provinces. Pour le Québec en outre, la *Loi 101* apparaît visée, le projet ayant pour effet d'élargir l'accès à l'école anglaise (*voir clefs 49 et 50*).

■ Aussi, au début de 1981, huit provinces (dont le Québec) demandent à la Cour suprême de vérifier la légalité juridique et conventionnelle du projet fédéral. Par légalité conventionnelle, on renvoie au fait, rare, que certaines « habitudes » finissent par acquérir autant de force que si elles étaient écrites noir sur blanc dans une loi.

■ On demande donc ceci à la Cour suprême :

• la Chambre des communes et le Sénat ont-ils le **droit**, sans le consentement des provinces, de demander à l'Angleterre d'amender la constitution de sorte que soient modifiés les pouvoirs des provinces ?

• n'y a-t-il pas une **convention** obligeant le Parlement canadien à obtenir au préalable l'accord de toutes les provinces ? Si une telle convention existe, a-t-elle force de loi ?

■ Le 28 septembre 1981, la Cour répond :

1. le projet fédéral est contraire à la convention constitutionnelle exigeant qu'un « nombre substantiel » de provinces appuie les modifications de leurs pouvoirs ;

2. mais cette convention n'a pas force de loi. Donc le projet est techniquement légal.

■ En d'autres mots, le projet fédéral est légal mais politiquement peu légitime... Dans la foulée, l'Assemblée nationale du Québec adopte quatre jours plus tard (le 2 octobre 1981) une motion condamnant le projet de rapatriement. Cette motion, appuyée par le chef du Parti libéral provincial, Claude Ryan, est votée par 111 voix contre 9.

■ Il faut donc reprendre les négociations, car on ne saurait demander à Londres d'adopter un projet « illégitime ».

22. La nuit des longs couteaux : 4-5 novembre 1981. René Lévesque refuse un accord qui rogne les pouvoirs de l'Assemblée nationale.

- Une nouvelle ronde de négociations commence le lundi 2 novembre 1981. La conférence s'enlise d'abord puis, le 4 novembre, les événements s'accélèrent avec l'éclatement du «groupe des huit» (le Québec et sept autres provinces), qui, depuis février 1981, avait décidé de s'opposer au projet de rapatriement unilatéral du gouvernement fédéral.

- C'est dans la soirée du 4 novembre et au cours de la nuit qui suit que tout se joue : alors que la délégation du Québec est rentrée à Hull, les autres premiers ministres continuent de négocier entre eux et avec le premier ministre Trudeau.

De compromis en compromis, d'appel téléphonique en appel téléphonique, un accord est trouvé. Mais aucun des premiers ministres présents ne communique avec celui du Québec.

- Les dés sont jetés et, à la reprise «officielle» des négociations, «René Lévesque, écrit Gil Rémillard, n'a d'autre choix que de dénoncer cet accord négocié sans lui et qui implique des éléments qu'il ne peut selon lui accepter et qui de fait n'auraient été acceptables par aucun gouvernement québécois[10]».

- Lorsque vient son tour de parler, René Lévesque déclare : «Je suis arrivé ici lundi avec un mandat voté à l'unanimité des partis, un mandat de l'Assemblée nationale du Québec, qui demandait au gouvernement fédéral [...] de renoncer au caractère unilatéral de la démarche et surtout de renoncer à imposer de cette façon quelqu'atteinte que ce soit aux droits et aux pouvoirs de l'Assemblée nationale du Québec sans son consentement (*voir clef 25*). Je m'étais permis aussi d'insister sur le fait que le premier ministre fédéral et son gouvernement agissaient ainsi sans aucun mandat explicite, sans aucun mandat d'aucune sorte des citoyens, non seulement du Québec, mais du reste du Canada.»

- Les jeux sont maintenant faits car un «nombre substantiel» de provinces appuie le projet fédéral de rapatriement et d'inclusion dans la constitution d'une charte canadienne des droits.

23. Les droits définis dans la constitution canadienne de 1982 et la clause « nonobstant ».

■ L'un des grands volets de la réforme de 1982, c'est «l'enchâssement» (inclusion) dans la constitution de la *Charte canadienne des droits et libertés*. Celle-ci définit des droits et des garanties :

• droits et libertés fondamentales (liberté de conscience et de religion, de pensée, d'opinion, d'expression *(voir clef 50)*, etc.) ;

• droits démocratiques (droit de vote et droit d'être candidat aux élections fédérales et provinciales) ;

• garanties juridiques (droit à la vie, à la liberté, à la protection contre des fouilles, perquisitions ou saisies abusives, etc.) ;

• droit à l'égalité devant la loi, indépendamment de toute discrimination fondée sur la race, le sexe, la couleur, l'origine nationale ou ethnique, etc.) ;

• droits linguistiques : chacun peut utiliser l'une des deux langues officielles (français ou anglais) dans toutes les affaires dont sont saisis les tribunaux établis par le Parlement et dans tous les actes de procédure qui en découlent.

Toute personne a le droit d'utiliser l'une des deux langues officielles pour communiquer «avec le siège ou l'administration centrale des institutions du Parlement ou du gouvernement du Canada ou pour en recevoir les services». Ce droit existe aussi pour les bureaux de ces institutions si une langue est l'objet d'une demande importante ou si la vocation du bureau l'exige *(voir clef 48)*.

■ La clause «nonobstant». Le premier ministre du Canada n'en voulait pas, mais il a dû accepter une clause permettant à une province d'adopter une loi contraire aux dispositions de l'article 2 (libertés fondamentales) ou des articles 7 à 15 (garanties juridiques et droit à l'égalité). Une province peut donc adopter une loi qui soit valide **malgré** (ou «nonobstant») certains articles de la *Charte canadienne des droits et libertés*.

■ Pour rendre cependant plus difficile l'utilisation de la clause «nonobstant», la constitution indique qu'une telle clause n'est valide que cinq ans au maximum. Après ce délai, il faut adopter à nouveau une clause dérogatoire («nonobstant»).

24. Deux manières d'amender la constitution : unanimement ou selon la formule « 7-50 ».

■ La formule d'amendement : il y a deux possibilités pour transformer ou modifier la constitution. L'utilisation de l'une ou l'autre dépend de ce que l'on veut changer.

1. La première possibilité, la plus difficile, exige l'accord du Sénat et de la Chambre des communes ainsi que de chaque assemblée législative provinciale. On doit l'utiliser pour ces questions : formule d'amendement, composition de la Cour suprême, usage du français ou de l'anglais (dans le cas où une seule province est concernée, seul l'accord de cette province est alors nécessaire), pouvoirs du gouvernement fédéral.

2. La seconde méthode exige aussi l'accord du Sénat et de la Chambre des communes, mais uniquement « d'au moins deux tiers des provinces dont la population confondue représente [...] au moins cinquante pour cent de la population de toutes les provinces ».

C'est ce qu'on désigne par la formule « 7-50 ». Cette méthode doit être utilisée pour ces cas : pouvoirs du Sénat et mode de sélection des sénateurs, création de provinces ou rattachement à l'une d'elles de l'ensemble ou d'une partie des territoires.

■ Attention : c'est cette dernière méthode qui doit être utilisée pour une modification « dérogatoire à la compétence législative [...] d'une législature ou d'un gouvernement provincial ».

En d'autres mots, il peut y avoir transfert de pouvoir des provinces vers le fédéral sans que l'unanimité des provinces soit requise et contrairement à la volonté d'une province.

■ Une province pourrait alors refuser de participer au programme fédéral et maintenir son propre programme, mais elle devrait payer pour un programme dont elle ne bénéficie pas ou payer « en double » (pour son propre programme et celui du fédéral). De fait, il ne peut y avoir de compensation financière de la part du fédéral que dans deux domaines : l'éducation et la culture.

■ La constitution canadienne ne parle aucunement d'un droit de veto, que ce soit pour le Québec, une province comptant au moins 25 % de la population, ou un bloc géographique de provinces.

25. Le désaccord du Québec.

■ Si l'accord de 1981 a souvent été perçu comme une victoire de Pierre Elliott Trudeau sur René Lévesque, il représente aussi une « défaite rétroactive » pour plusieurs premiers ministres du Québec, que ce soit Maurice Duplessis, Jean Lesage, Daniel Johnson, Jean-Jacques Bertrand ou Robert Bourassa. Lequel d'entre eux aurait accepté :

● Une formule d'amendement ne comportant aucun droit de veto pour le Québec et permettant l'introduction de changements dans la constitution sans que le Québec puisse s'y opposer ?

● Le retrait facultatif de programmes fédéraux mais sans aucune compensation financière pour la province utilisant ce droit de retrait ?

● L'absence totale de reconnaissance du peuple québécois au sein du Canada ?

● Le fait que le Québec n'ait aucun pouvoir réel sur le choix des juges devant siéger à la Cour suprême ?

● Une limitation du pouvoir de légiférer en éducation, un domaine de compétence provinciale ? (*voir clefs 49 et 50*)

■ Pour le gouvernement du Parti québécois, la pilule était d'autant plus difficile à avaler qu'il était prévisible que la nouvelle constitution viendrait inévitablement dépouiller la *Loi 101* de ses règles sur l'accès à l'école anglaise (*voir clefs 49 et 50*).

■ L'Assemblée nationale s'oppose à l'accord en adoptant le 1er décembre 1981 une motion dont le préambule dit que «l'Assemblée nationale, rappelant le droit du peuple québécois à disposer de lui-même et exerçant son droit historique à être partie prenante et à consentir à tout changement dans la constitution du Canada qui pourrait affecter les droits et les pouvoirs du Québec, déclare qu'elle ne peut accepter le projet de rapatriement de la constitution [...]».

■ Cette motion fut adoptée par 70 voix contre 38.

■ Notons que l'opposition libérale n'a pas appuyé le gouvernement, votant contre la motion.

26. Malgré l'opposition du Québec, les modifications constitutionnelles sont adoptées et proclamées le 17 avril 1982.

■ Malgré l'opposition du Québec, le processus de rapatriement est engagé :

• le 2 décembre 1981, la Chambre des communes adopte le projet de résolution qui doit être envoyé à la Reine. Le vote en sa faveur est imposant mais non unanime : 246 contre 24 ;

• le 8 décembre, le Sénat fait de même. Le vote est de 59 contre 23 ;

• le 22 décembre, le projet de loi est déposé en première lecture au Parlement de Westminster ;

• le 14 janvier 1982, le premier ministre britannique, madame Margaret Thatcher, répond négativement à la demande du premier ministre Lévesque d'attendre que les tribunaux aient statué sur le droit de veto du Québec (quelques jours plus tôt, M. Lévesque avait envoyé une lettre à M. Trudeau, indiquant que le Québec opposait son veto à la réforme ; M. Trudeau avait répondu que le Québec n'avait pas de droit de veto) ;

• le 25 mars 1982, le projet de loi est officiellement adopté par les Communes britanniques, malgré une forte campagne de lobbying du Québec ;

• le 25 mars, la Chambre des Lords (chambre haute) l'adopte à son tour ;

• la sanction royale est donnée à la loi ;

• le 17 avril, au Canada cette fois, la *Loi constitutionnelle de 1982* est proclamée en personne par Elizabeth II, présente ici non en tant que reine d'Angleterre, mais comme reine du Canada[11].

■ Ainsi disparaissait le dernier lien colonial entre le Canada et l'Angleterre. Pour obtenir le même résultat, le Canada aurait pu, selon le constitutionnaliste Gil Rémillard, procéder par proclamation unilatérale. Mais il aurait été plus difficile de passer outre à «la dissidence du Québec et au fait que les Canadiens ont été complètement ignorés dans ce processus de révision constitutionnelle[12]».

27. La Cour suprême tranche : le Québec n'a pas de droit de veto. Le Québec a-t-il trop tardé à demander l'avis de la Cour suprême ?

■ Après la réponse du premier ministre Trudeau affirmant que le Québec n'avait pas de droit de veto, le premier ministre Lévesque demande à la Cour d'appel du Québec de statuer sur la question. C'est le 9 décembre 1981, donc au lendemain du jour où la demande canadienne a été envoyée à Londres (*voir clef précédente*).

■ Le 8 avril 1982, la Cour d'appel statue unanimement que le Québec n'a pas de droit de veto...

■ Il ne reste alors que le recours à la Cour suprême.

■ Mais le 6 décembre —donc plusieurs mois **après** l'entrée en vigueur des modifications constitutionnelles—, la Cour suprême répond à la demande du Québec : « Le Québec ne possède pas de droit de veto conventionnel sur les modifications constitutionnelles qui ont un effet sur le pouvoir législatif de la province. » La bataille est, dès lors, définitivement perdue.

■ Entre le jugement du 28 septembre 1981 confirmant la légalité du projet fédéral (*voir clef 21*) et la demande du 9 décembre 1981 sur le droit de veto, près de trois mois se sont écoulés. Erreur de stratégie ? Ce serait le cas selon Gil Rémillard, qui rappelle que la Cour suprême avait statué qu'il fallait un « degré appréciable de consentement provincial » pour amender la constitution.

« Que signifiait, demande Gil Rémillard, ce "degré appréciable"? Comprenait-il obligatoirement le Québec ? [...] Si le gouvernement québécois avait procédé directement à la Cour suprême par voie de requête en décision, il se peut que cette conférence constitutionnelle du 2 novembre [1981 — *voir clef 22*] ait été retardée. [...] Lorsque le gouvernement québécois se décida enfin à demander avis à sa Cour d'appel sur la question de son droit de veto, il était trop tard. Le processus du rapatriement était alors définitivement engagé et les jeux étaient faits [13]. »

28. Autochtones : des droits reconnus mais mal définis.

■ Depuis 1867, les Indiens sont sous la juridiction du gouvernement fédéral (*voir clef 9*), qui, en 1876, adoptait une *Loi sur les Indiens*.

■ Longtemps considérés comme des mineurs (ils ont seulement obtenu en 1960 le droit de vote aux élections fédérales), les autochtones ont entrepris d'importantes revendications depuis trente ans. Celles-ci portent sur trois grands aspects :
  • les droits découlant des traités conclus avec leurs ancêtres ;
  • les revendications territoriales ;
  • le droit inhérent à l'autonomie gouvernementale (*voir clef 40*).

■ La constitution de 1982 traite des droits des peuples autochtones. Par autochtones, on entend entre autres les Indiens, les Inuit et les Métis. La constitution ne leur accorde pas de nouveaux droits, mais préserve ceux qu'ils ont déjà. Ainsi, on dit que les droits et libertés garantis par la Charte ne portent pas « atteinte aux droits ou libertés —ancestraux, issus de traités ou autres— des peuples autochtones ».

■ Quant aux droits garantis par des traités, on dit qu'ils comprennent entre autres les « droits existants issus d'accords sur des revendications territoriales ou ceux susceptibles d'être ainsi acquis ».

■ Pour les juristes, la question autochtone constitue l'une des question les plus complexes, car ils doivent interpréter des notions imprécises (droits ancestraux) et des textes français, britanniques et canadiens...

■ Retenons de ceci que :
  • les autochtones sont reconnus comme « peuples » mais que ce terme n'est pas précisément défini ;
  • les droits des autochtones ne sont malheureusement pas clairement définis mais simplement reconnus.

■ Devant le caractère flou de la constitution, l'avocat Georges Emery opposait en 1984 les constitutions américaine (« source de fierté nationale ») et canadienne : « Notre constitution s'écrit de plus en plus la nuit et elle risque de manquer de clarté[14]. »

29. La *Loi constitutionnelle de 1982*: réussites et échecs.

■ La loi adoptée à Londres porte le nom de *Loi de 1982 sur le Canada*. Cette loi comprend plusieurs parties, la principale étant la *Loi constitutionnelle de 1982* entrée en vigueur le 17 avril 1982. C'est cette dernière loi qui, combinée à la constitution de 1867 et à la trentaine de textes subséquents, forme la constitution du Canada. Des parties du texte de 1867 ont été abrogées (enlevées), mais ce texte constitue toujours la base de la constitution du Canada.

■ Les nouveautés apportées par la *Loi constitutionnelle de 1982*:

• elle a mis officiellement fin à un régime bâtard en vertu duquel le Canada devait faire voter par le Parlement britannique les amendements à sa constitution;

• une Charte des droits et libertés, des modalités d'amendement, la reconnaissance des droits des peuples autochtones;

• la «consolidation» de certaines institutions. Ainsi la composition de la Cour suprême ne peut être modifiée qu'avec le consentement unanime de la Chambre des communes, du Sénat et de toutes les provinces. (Notons que, présentement, c'est uniquement le gouvernement fédéral qui a le pouvoir de nommer des juges à cette cour.)

■ Ce qui n'a pas été réalisé avec la réforme de 1982:

• la rupture du lien monarchique entre le Canada et la reine d'Angleterre, qui est aussi la reine du Canada. Le Canada a une reine, mais celle-ci n'habite pas le pays!

Il aurait été intéressant de voir ce que les Canadiens pensent de cette question; peut-être aurions-nous découvert qu'une république aurait mieux convenu ou que le peuple aurait voulu choisir une personne du pays pour devenir roi ou reine;

• un «ménage» en profondeur des institutions et du partage des pouvoirs; la modernisation constitutionnelle du pays reste à faire;

• un consensus national sur la réforme constitutionnelle: le Québec, par l'intermédiaire de son Assemblée nationale, a toujours rejeté la loi de 1982, qu'il est cependant obligé de respecter.

■ Le 4 septembre 1984, le chef du Parti progressiste-conservateur, Brian Mulroney, devient premier ministre. Partisan de la « réconciliation nationale », il souhaite que le Québec adhère « à la nouvelle constitution canadienne avec honneur et enthousiasme ». Ces propos, tenus à Sept-Îles le 6 août 1984, contrastent avec l'approche du précédent gouvernement. Le titre du document du candidat Mulroney est d'ailleurs significatif : « Une façon de dire non à l'implantation du fédéralisme de concurrence [15] ».

■ Échaudé par les négociations de 1980-1981, le premier ministre Lévesque accepte bon gré mal gré la main tendue... S'ouvre donc l'ère du *beau risque*, de la réforme du fédéralisme.

■ Avant de reprendre les négociations, le Québec présente 22 propositions. En voici quelques-unes :

• la reconnaissance constitutionnelle du peuple québécois ;

• la reconnaissance du droit exclusif de déterminer sa langue officielle et de légiférer sur toute matière linguistique dans les secteurs de sa compétence ;

• le pouvoir pour le Québec de n'assujettir ses lois qu'à la *Charte des droits et libertés de la personne* du Québec ;

• un droit de veto sur les modifications aux institutions fédérales et la création de nouvelles provinces ;

• un droit de veto ou une garantie de compensation raisonnable et obligatoire en cas de non-participation à un amendement constitutionnel ;

• l'attribution exclusive au Québec de la compétence en matière de mariage et de divorce ;

• l'attribution au Québec d'un accroissement significatif de ses pouvoirs en matière de communications ;

• la reconnaissance officielle que trois des neuf juges de la Cour suprême doivent provenir du Québec, que le Québec a le droit de participer à leur nomination et que son consentement est nécessaire pour la désignation d'une personne en particulier.

31. Retour au pouvoir de Robert Bourassa.
Le premier ministre veut négocier, mais différemment.
À cinq conditions.

■ Lors des élections générales du 2 décembre 1985, le Parti libéral reprend le pouvoir, reléguant dans l'ombre le Parti québécois, affaibli par le départ de ses anciens grands leaders (le chef « historique », René Lévesque, a démissionné le 29 septembre 1985 et a été remplacé par Pierre Marc Johnson).

La défaite péquiste est accablante : 38,69 % seulement des votes au PQ contre 55,99 % aux libéraux. Traduits en nombre de députés, ces chiffres sont encore plus terribles : 99 contre 23.

■ Robert Bourassa, chef du Parti libéral et à nouveau premier ministre, est disposé à négocier sur la base de cinq conditions définies par son parti quelques mois plus tôt, en juin 1985.

• **Société distincte** : les libéraux veulent la reconnaissance constitutionnelle explicite du Québec comme société distincte. On veut qu'un préambule reconnaisse «explicitement le Québec comme foyer d'une société distincte et pierre d'assise de l'élément francophone de la dualité canadienne »;

• **Immigration** : le Québec veut le droit «de déterminer conjointement avec le gouvernement fédéral le nombre et la sélection des personnes immigrant au Québec »;

• **Pouvoir de dépenser du fédéral** (*voir clef 9*) dans des champs de compétence provinciale : on veut que tout nouveau programme accompagné de subventions conditionnelles soit approuvé par les provinces et que les conditions imposées par le fédéral soient générales et n'aient pas pour effet «de réglementer la gestion de tels programmes »;

• **Procédure de modification constitutionnelle** : le Québec veut un droit de veto «sur toute question de nature constitutionnelle» pour préserver ses pouvoirs et, d'un autre côté, «jouer un rôle clé dans l'évolution du fédéralisme »;

• **Cour suprême** : Québec veut participer «à la nomination des juges de la Cour suprême en provenance du Québec ».

32. L'Accord du lac Meech et son échec.

- En 1987, les premiers ministres du Canada s'enferment derrière des portes closes. En avril, un accord est conclu au lac Meech. Puis, en juin, ils endossent à Ottawa un texte officiel propre «à assurer la participation pleine et entière du Québec à l'évolution constitutionnelle du Canada dans le respect du principe de l'égalité de toutes les provinces [...]».

- Avec cette entente, le Québec apparaît comme une société distincte : « Toute interprétation de la Constitution du Canada doit concorder avec [...] la reconnaissance de ce que le Québec forme au sein du Canada une société distincte... »

- En juin 1990, donc près de trois ans après la conclusion de l'accord et à quelques semaines de l'expiration du délai d'adoption par toutes les provinces, trois d'entre elles tardent à agir (Manitoba, Terre-Neuve et le Nouveau-Brunswick).

Motif ? Elles ont besoin d'éclaircissements. Une rencontre a lieu et aboutit le 9 juin à une entente : contre la promesse de discussions ultérieures, les trois provinces récalcitrantes s'engagent à tout faire pour que le projet soit adopté par leur législature.

- Le Nouveau-Brunswick tient parole, mais, au Manitoba, le député amérindien Elijah Harper refuse que l'on suspende les règles normales de procédures afin d'adopter l'accord. Selon ce député, l'entente de Meech viole les droits des peuples autochtones en ne leur reconnaissant aucun statut particulier.

- Devant cette situation, le premier ministre Clyde Wells de Terre-Neuve stoppe le processus à sa propre assemblée...

- Résultat ? La réintégration du Québec dans «l'honneur et l'enthousiasme » est remise à plus tard. Par contre, le Canada doit apprendre dès lors à composer avec ses populations autochtones.

Au Québec, à peine quelques jours plus tard, en juillet, des autochtones bloquent un pont et des routes entre l'île de Montréal et la rive sud ainsi qu'à Oka. «Crise d'Oka», «crise amérindienne», peu importe le nom, la crise durera plusieurs semaines. Le pire est évité, mais la question autochtone, désormais, ne pourra plus être éludée.

33. Déclaration importante de Robert Bourassa, qui critique Clyde Wells et énonce sa nouvelle stratégie.

■ Le 23 juin 1990, Robert Bourassa annonce qu'il négociera désormais sur de nouvelles bases. Dans un discours au Salon rouge de l'Assemblée nationale, il déclare : «[...] c'est la position de mon gouvernement de négocier dorénavant à deux et non à onze avec le gouvernement canadien, qui représente l'ensemble de la population du Canada : négociations bilatérales avec le gouvernement du Québec et le gouvernement fédéral.»

■ Au passage, Robert Bourassa note que certains, comme le premier ministre Clyde Wells de Terre-Neuve, n'ont pas tenu parole : «M. Wells est considéré comme un homme de principes. Comment concilier ses principes avec le fait qu'il ait renié sa signature ? Il a blâmé sévèrement le premier ministre Mulroney pour son attitude pendant et après la conférence constitutionnelle. Mais en ne respectant pas sa signature, il n'a pas de leçons à donner au premier ministre du Canada. »

■ La veille, le 22 juin, le premier ministre avait déclaré : «Au nom de tous les Québécois, je veux exprimer ma plus profonde déception, déception qui s'explique par tous les efforts qui ont été faits par différents gouvernements depuis une dizaine d'années.

«Il y a 10 ans [...] le gouvernement [...] dirigé par M. Lévesque, avait fait plusieurs efforts pour réintégrer le Québec dans la constitution canadienne. Il avait fait preuve [...] d'une grande flexibilité [...].

«En 1985, nous avons proposé au Canada anglais des conditions [...] modérées et raisonnables. Jusqu'à 1985, on disait: "What does Quebec want ?" Nous avons exprimé clairement les demandes du Québec [...] Depuis 1985, la question est : "What does Canada want ?" Et on attend encore la réponse du Canada à cet égard.

«Le Canada anglais doit comprendre d'une façon très claire que, quoi qu'on dise et quoi qu'on fasse, le Québec est, aujourd'hui et pour toujours, une société distincte, libre et capable d'assumer son destin et son développement.»

34. Bélanger-Campeau : « Le Québec doit redéfinir son statut ».

■ Dans la foulée de ses déclarations de juin 1990 à l'Assemblée nationale, Robert Bourassa reprend l'initiative et, avec l'appui des autres partis, fait unanimement adopter l'automne suivant la *Loi instituant la Commission sur l'avenir politique et constitutionnel du Québec*.

■ Connue sous le nom de ses deux présidents (Michel Bélanger et Jean Campeau), la Commission, qui compte 34 autres commissaires, indique que son «mandat repose sur un constat, posé par le Premier ministre le 23 juin 1990 et confirmé par les membres de l'Assemblée nationale, selon lequel le rejet de l'accord constitutionnel de 1987 a remis en cause l'avenir politique et constitutionnel du Québec et rendu nécessaire la redéfinition de son statut.

«Le droit de la population du Québec d'assumer son propre destin, de déterminer librement son statut politique et d'assurer son développement économique, social et culturel est affirmé par l'Assemblée nationale.»

■ Amorcés au début de novembre 1990, les travaux ont duré cinq mois. Au total, 607 mémoires ont été présentés à la Commission, qui a entendu plus de 300 groupes, personnes et experts (politicologues, juristes, économistes, etc.).

■ Dans son introduction, la Commission note que le problème Québec-Canada est un problème **politique** :

«Dans la redéfinition de son statut politique et constitutionnel, le Québec ne cherche ni à remettre en question les engagements et liens économiques et financiers qu'il a établis avec l'étranger ou au sein de l'ensemble canadien, ni à ériger des entraves à la libre circulation des personnes, des biens, des services et des capitaux dans l'espace économique qu'il partage avec les autres parties du Canada [...]

«En fait, c'est bien plus l'état des arrangements politiques et constitutionnels existants, qui régissent le statut du Québec et ses relations avec les autres membres de la fédération, qui est visé par les discussions sur son avenir politique et constitutionnel.»

35. La recommandation de Bélanger-Campeau : un référendum sur la souveraineté et l'étude d'une éventuelle proposition venant du reste du Canada.

■ Le 25 mars 1991, la Commission soumet son rapport et sa recommandation à l'Assemblée nationale : l'adoption d'une loi au printemps 1991 (ce sera la *Loi 150*) comportant deux volets :

1. tenue d'un référendum sur la souveraineté ;

2. création d'une commission parlementaire chargée d'étudier une éventuelle offre de refonte du fédéralisme (mais cette offre devra lier formellement le gouvernement du Canada et les autres provinces).

■ Ces recommandations, note-t-on, reposent entre autres sur :

• la nécessité de redéfinir le statut politique et constitutionnel du Québec ;

• l'affirmation que les «Québécoises et les Québécois sont libres d'assumer leur propre destin, de déterminer leur statut politique et d'assurer leur développement économique, social et culturel... »

■ Concrètement, on propose :

• qu'une commission parlementaire spéciale de l'Assemblée nationale étudie les questions reliées à l'accession du Québec à la souveraineté (entre autres sur la capacité exclusive d'adopter ses lois, de prélever ses impôts et d'agir sur la scène internationale) ;

• que cette commission ait également pour mandat, dans l'hypothèse d'une offre formelle du Canada, d'étudier et d'analyser celle-ci et, enfin, de formuler des recommandations à l'Assemblée nationale ;

• que le référendum sur la souveraineté soit tenu entre le 8 et le 22 juin 1992, ou entre le 12 et le 26 octobre 1992 ;

• qu'en cas de victoire du « oui », le Québec devienne «État souverain une année, jour pour jour, après la date du référendum ».

■ Attention : le rapport ne fut pas unanimement approuvé par les 36 commissaires, trois d'entre eux refusant de le signer (une vingtaine l'ont approuvé mais en ajoutant des commentaires).

36. Robert Bourassa et Gil Rémillard
acceptent l'alternative:
réforme en profondeur ou référendum sur la souveraineté.

■ Robert Bourassa et Gil Rémillard, respectivement premier ministre et ministre délégué aux Affaires intergouvernementales canadiennes, ont ajouté ce texte à la fin du rapport:

«Le 23 juin dernier [1990], la non-ratification de l'Accord du lac Meech constituait un message clair pour la population du Québec: il lui revenait, et à elle seule, dorénavant, de prendre les décisions et de faire les choix qui s'imposent concernant son avenir politique et constitutionnel. Le gouvernement dont nous faisons partie a non seulement immédiatement accepté cette nouvelle réalité mais s'est sans délai employé à doter les citoyennes et les citoyens du Québec d'un forum privilégié et extraordinaire de réflexion afin de leur permettre d'évaluer ces choix de la manière la plus complète possible.

«À la croisée des chemins, la population du Québec comme son gouvernement doivent prendre connaissance de ce rapport avec respect et avec la plus haute considération. Il représente une pièce maîtresse qui influencera l'avenir de notre société. Après avoir entendu 327 groupes et individus dont 33 experts (plus de 600 mémoires), et réfléchi et délibéré durant 2 mois, les commissaires nous présentent un rapport dont la crédibilité et la rigueur ne peuvent faire de doute.

« Ce rapport nous confirme que deux avenues doivent être considérées [...]: un réaménagement en profondeur du système fédéral actuel ou la souveraineté du Québec. Les autres solutions ne sauraient répondre aux besoins et aux aspirations de la société québécoise. Les commissaires recommandent d'évaluer et de considérer avec une égale attention et une même rigueur chacune de ces deux options; ils exhortent la population et le gouvernement à bâtir l'avenir avec les matériaux les plus susceptibles d'être efficaces et non avec des étiquettes ou des slogans. Le gouvernement dont nous faisons partie accepte volontiers ce principe d'action.»

37. Le Parti québécois tire d'autres conclusions des travaux de la Commission Bélanger-Campeau.

■ Quant au Parti québécois, il considère que le rapport ne va pas assez loin, jugeant que ses conclusions «apportent peu d'éclairage au débat, ne rendent pas compte de l'ampleur des travaux, ne reflètent pas vraiment les opinions exprimées par le public et, donc, ne concluent pas. Pourtant les [travaux] permettent, selon nous, de dégager [quelques] conclusions issues d'autant de consensus.

«Le statu quo politique et constitutionnel n'est pas souhaitable, voire tout à fait indésirable pour le Québec.

«Le fédéralisme canadien ne contribue plus aux objectifs sociaux, culturels, économiques et politiques du Québec. Il ne représente plus, aux yeux des Québécoises et des Québécois, un système adapté aux exigences liées aux grands défis auxquels sera confronté le Québec au cours des prochaines décennies. [...]

«La vigueur et la maturité de son économie, le dynamisme de sa classe entrepreneuriale de même que la capacité de concertation de ses agents économiques et sociaux permettent au Québec d'envisager toutes les alternatives au statut politique et constitutionnel actuel. Les travaux de la Commission démontrent la viabilité de la souveraineté et sa faisabilité ordonnée.

«Il est nécessaire d'accorder une importance particulière au maintien et [...] à l'amélioration de l'espace économique canadien et, donc, de favoriser le maintien de la libre circulation des personnes, des services, des biens et des capitaux, de même qu'à la sauvegarde de l'union douanière. [...] il apparaît qu'il pourrait être avantageux de sauvegarder l'utilisation d'une monnaie commune.

«Il émane des mémoires [...] une volonté [...] de vivre dans une société démocratique, pluraliste et ouverte sur le monde. La Constitution du Québec, incluant la *Charte des droits et libertés de la personne* du Québec, est appelée à consacrer le caractère français du Québec, les droits fondamentaux de la personne et l'égalité entre les hommes et les femmes. Cette Constitution devra aussi reconnaître les besoins spécifiques et les droits inaliénables de la minorité anglo-québécoise et des nations autochtones.»

> **38. Le commissaire et député libéral fédéral André Ouellet désapprouve le *Rapport Bélanger-Campeau*.**

■ Le commissaire André Ouellet n'a pas signé le rapport final. Il s'explique à la fin du document : « Le rapport parle de manière très éloquente du Québec, « société moderne complète et ouverte sur le monde » — la Commission omettant toutefois de mentionner que ces progrès furent réalisés **au sein du Canada**.

« Le peuple québécois a réussi depuis la révolution tranquille, et même depuis 1867, à très bien tirer son épingle du jeu à l'intérieur du cadre fédéral. Après 123 ans d'histoire, nul ne peut prétendre que le fédéralisme canadien n'a eu que des impacts négatifs sur le Québec. L'espace économique canadien a permis aux Québécois de jouir d'un niveau de vie parmi les plus élevés au monde. Nos programmes sociaux accessibles et relativement généreux font l'envie de plusieurs pays industrialisés. En tant que partenaire canadien jusqu'à maintenant, le Québec a pu profiter de la réputation du Canada sur la scène internationale... »

■ Abordant ensuite les rapports constitutionnels entre le Québec et le Canada, M. Ouellet rappelle que le Québec a, selon lui, bénéficié de réformes dans le passé : « Le rapport suggère que le Québec a de tout temps dénoncé les interventions et empiétements du gouvernement fédéral.

« Pourtant, certains amendements constitutionnels ont donné naissance à nos grands programmes québécois. Devons-nous maintenant penser que ces programmes, conçus pour assurer le bien-être des démunis, des malades, des chômeurs et des personnes âgées, causent un préjudice à la population du Québec ? Faut-il blâmer le gouvernement fédéral de les avoir adoptés ? [...] les Québécois ont voté massivement pour les gouvernements [ayant] adopté ces politiques. »

■ Évoquant les dernières années, M. Ouellet rappelle que « le Québec a obtenu satisfaction [...] avec les gouvernements Pearson et Trudeau dans des domaines [tels] la Régie des rentes du Québec, l'immigration, les allocations familiales, et la représentation du Québec à l'étranger et au sein de la francophonie ».

39. La reprise « en douce » des négociations par Robert Bourassa.

■ En dépit de son engagement de ne négocier qu'à deux et du *Rapport Bélanger-Campeau*, le premier ministre Bourassa reprend rapidement les négociations... Dans le numéro d'avril 1991 du magazine *L'actualité*, le chroniqueur Benoît Aubin écrit : « On avait pourtant bien entendu, le lendemain de l'échec de l'Accord du lac Meech, le premier ministre Robert Bourassa prononcer les mots "jamais plus". On ne le reprendrait pas, disait-il, à négocier des changements constitutionnels autour d'une même table avec les 10 autres premiers ministres du pays.

« Jamais a maintenant pris fin. Depuis deux mois Robert Bourassa a recommencé à négocier avec ses 10 homologues. »

■ Le 24 septembre 1991, le gouvernement fédéral rend publique son offre pour le renouvellement de la constitution. Réaction prudente du premier ministre Bourassa, qui trouve le document « utile » mais « incomplet ».

■ En visite à Bruxelles, Robert Bourassa envoie un « ballon » sous la forme d'une possible question référendaire : « Seriez-vous d'accord ou non de remplacer l'ordre constitutionnel existant par deux États souverains associés dans une union économique, laquelle serait responsable devant un parlement élu au suffrage universel ? »

■ Cette question est critiquée car elle diffère de la conclusion de la Commission Bélanger-Campeau : un référendum sur la souveraineté à moins d'une offre formelle du Canada.

■ 12 mars 1992 : début officiel des négociations entre le fédéral et les provinces. Le Québec est absent des négociations.

■ Fin avril 1992 : le premier ministre du Québec évoque l'hypothèse de son retour à la table des négociations où on le réclame depuis plusieurs jours...

■ Juillet 1992 : un compromis a été dégagé lors de discussions. Robert Bourassa aimerait avoir des clarifications sur plusieurs points, ce qui amène l'opposition à déclarer qu'il est en train de céder, donc de renier le *Rapport Bélanger-Campeau*.

■ Le 4 août, Robert Bourassa participe officiellement aux discussions : celui qui disait « non » a fini par dire « oui »...

40. L'Accord de Charlottetown :
un troisième ordre de gouvernement au Canada.

■ Le projet d'accord sur lequel on s'entend à Charlottetown les 27 et 28 août 1992 constitue une entente étonnante en raison d'abord de son caractère incomplet : sur 26 points, le texte indique que d'autres discussions auront lieu. D'autre part, il propose la création de gouvernements autochtones (qui s'ajouteraient aux niveaux fédéral et provincial). En outre, sans que la notion soit nettement précisée, l'Accord de Charlottetown proclame que les peuples autochtones du Canada possèdent le **droit inhérent à l'autonomie gouvernementale** au sein du Canada.

■ Incomplet, vague, l'accord est dénoncé de toutes parts.

■ Pour Robert Bourassa, la période est difficile, car des fuites de documents et l'interception de conversations téléphoniques révèlent que des experts du premier ministre québécois estiment que l'accord ne vaut rien pour le Québec. Mais le Parti libéral appuie son chef, quitte à renier au passage le *Rapport Allaire* (*voir clefs 40, 42 et 72*), qui tenait lieu de politique constitutionnelle du parti. Fortement autonomiste, ce document demandait le rapatriement de nombreux pouvoirs au Québec. Plusieurs n'admettront pas cette volte-face politique et quitteront le Parti libéral pour former ultérieurement l'Action démocratique du Québec (*voir clef 42*).

■ Début septembre, on annonce un référendum national pour le 26 octobre (date ultime prévue par la *Loi 150* pour un référendum sur la souveraineté).

■ La question posée aux Canadiens est : « Acceptez-vous que la constitution du Canada soit renouvelée sur la base de l'entente convenue le 28 août 1992 ? »

■ Soumis aux Canadiens par référendum, l'accord est rejeté le 26 octobre 1992 par 54,3 % des Canadiens. Au Québec, le « non » atteint 56,7 %.

■ Dans la foulée de la victoire du « non », le chef du Conseil des autochtones du Canada, Ron George, déclare que les autochtones pourraient « agir contre les lois et les politiques de ce pays » pour faire valoir leurs droits.

41. « L'esprit Mulroney ».

■ Brian Mulroney voulait que « le Québec adhère à la nouvelle constitution canadienne avec honneur et enthousiasme » (*voir clef 30*). Avec le rejet de l'Accord de Charlottetown, ce *beau rêve*, qui avait conduit au *beau risque*, s'évanouissait.

■ De Brian Mulroney, l'histoire retiendra sans doute ses efforts pour ramener le Québec au sein de la fédération canadienne. En ce sens, on peut parler d'un « esprit Mulroney ». Cet esprit est bien présent dans son discours du 24 septembre 1991 à la Chambre des communes.

« Toute réforme constitutionnelle, a-t-il alors déclaré, doit affirmer le caractère distinct de la société québécoise, et nous comptons le faire. Quatre-vingt-treize ans avant la Confédération, le Parlement britannique reconnaissait déjà le caractère distinct du Québec. L'Acte de Québec garantissait à cette province le droit de conserver sa religion et son code civil. Il y a deux cents ans exactement, l'Acte constitutionnel de 1791 confirmait ce droit.

« Et l'Acte de l'Amérique du Nord britannique de 1867 écartait sans équivoque les tentatives faites en 1840 pour noyer ce droit dans un régime unitaire et contenait d'autres dispositions exprimant le caractère distinct du Québec. »

■ Un peu plus loin, le premier ministre évoquait le fait que l'esprit de 1867 était malheureusement disparu : « Les pressions sociales, économiques et démographiques de notre monde moderne ont à certains égards pris le pas sur la Constitution originale du Canada et en ont déformé l'esprit. Il n'est donc pas étonnant que le Québec soit la province canadienne qui réclame le plus instamment, depuis trente ans, la réforme constitutionnelle.

« En 1982, l'isolement dans lequel s'est retrouvé le Québec au moment du rapatriement de la Constitution a rappelé crûment aux Québécois leur statut de minorité et leur vulnérabilité au sein de l'Amérique du Nord anglophone. [...]

« Les Québécois n'assumeront les risques et les responsabilités d'une nouvelle collaboration fédérale, de même que les droits qui en découlent, que si la Confédération garantit leur sécurité culturelle en tant que société francophone distincte. »

42. Deux nouveaux partis politiques apparaissent : le Bloc québécois et l'Action démocratique du Québec.

■ Le 22 mai 1990, le député de Lac-Saint-Jean et ministre de l'Environnement, Lucien Bouchard, annonce à la Chambre des communes qu'il quitte le gouvernement et le caucus conservateur pour siéger comme député indépendant.

■ Les raisons ? Le gouvernement conservateur présente des propositions dont l'effet est, selon lui, de «diluer» l'Accord du lac Meech que trois provinces ne semblent plus vouloir adopter (*voir clef 32*) malgré l'engagement pris trois ans plus tôt. Ces propositions sont destinées à rallier les trois provinces récalcitrantes (Terre-Neuve, Nouveau-Brunswick et Manitoba). Celles-ci sont «inquiètes» de l'impact de la clause consacrant le Québec comme société distincte.

Pour Lucien Bouchard, c'en est trop : le Québec a déjà fait suffisamment de concessions. Avec d'autres députés dissidents, il fonde en juin 1991 le Bloc québécois pour promouvoir à Ottawa la souveraineté et les intérêts du Québec.

■ Aux élections du 23 octobre 1993, le Bloc obtient 54 députés au Québec contre 19 pour les libéraux, qui s'emparent par contre du pouvoir avec 177 députés dans le pays. Au deuxième rang par le nombre de députés, le Bloc devient l'opposition officielle (le Reform Party a 52 députés, les conservateurs, deux...).

■ De son côté, l'Action démocratique du Québec (ADQ), naît du rejet du *Rapport Allaire* par Robert Bourassa en août 1992. Ce rapport, qui tenait lieu de politique constitutionnelle du Parti libéral depuis janvier 1991, proposait une réforme draconienne du fédéralisme par la cession aux provinces de nombreux pouvoirs fédéraux [16]. Incompatible avec l'Accord de Charlottetown, le rapport est rejeté ! Mécontents, Jean Allaire (l'auteur du document) et Mario Dumont, militent pour le «non» (à l'Accord de Charlottetown). Le 5 mars 1994, ils créent l'ADQ, un parti souverainiste, mais partisan d'une union politique avec le Canada (*voir clef 42*).

■ En janvier 1994, Daniel Johnson succède à Robert Bourassa. Peu intéressé par la constitution, il ne prépare pas une nouvelle position constitutionnelle en vue des élections qui doivent suivre.

43. Le retour du Parti québécois :
« Êtes-vous en faveur de la loi [...]
déclarant la souveraineté du Québec ? »

■ Aux élections du 12 septembre 1994, le Parti québécois reprend le pouvoir en l'emportant dans 77 des 125 circonscriptions. En terme de votes, les deux partis sont au coude à coude, car, pour l'ensemble du Québec, 13 744 votes (soit 0,0035 %) les séparent !

■ Le nouveau premier ministre, Jacques Parizeau, enclenche rapidement sa démarche souverainiste. Il crée des commissions afin de recevoir les opinions des citoyens sur un *Avant-projet de loi sur la souveraineté.* C'est ce projet qui, devenu loi, serait soumis à la population par référendum. Celle-ci serait invitée à répondre à la question : « Êtes-vous en faveur de la loi adoptée par l'Assemblée nationale déclarant la souveraineté du Québec ? OUI ou NON ».

■ Si le « oui » l'emportait, la démarche suggérée comprendrait ensuite deux autres étapes : une période de négociations avec le Canada (« sur les mesures transitoires à prendre, notamment sur le partage des biens et des dettes ») et l'accession du Québec à la souveraineté au plus tard un an après. Quelques articles entreraient immédiatement en vigueur (autorisation de négocier un accord économique avec le Canada, partage de la dette, rédaction d'une constitution).

■ Cette démarche diffère de celle de 1980 (*voir clef 18*) : on ne cherche pas un mandat de négocier mais un « oui » à une éventuelle déclaration unilatérale de souveraineté. Affirmation de souveraineté d'abord, négociations et association ensuite. L'article 1 de l'avant-projet de loi l'affirme d'ailleurs clairement : « Le Québec est un pays souverain. »

■ Le projet ébauche ce que serait un Québec souverain : territoire (le même), citoyenneté (les Canadiens résidant au Québec ou personnes nées au Québec ou d'un père ou d'une mère citoyen du Québec), monnaie (dollar canadien : « Nous en sommes les cofondateurs et les copropriétaires. Nous le gardons, c'est tout. »)

■ Pour d'autres questions (lois du Canada, pensions, tribunaux, etc.), il y aurait continuité jusqu'à ce que l'Assemblée nationale adopte de nouvelles mesures.

44. Lucien Bouchard : la souveraineté et une association d'égal à égal avec le Canada.

■ Le 7 avril 1995, au lendemain de l'annonce faite par le premier ministre Parizeau fixant le référendum à l'automne 1995, le chef du Bloc québécois, Lucien Bouchard, profite du premier congrès national de son parti pour attirer l'attention sur les institutions communes au Québec et au Canada après la souveraineté.

■ Les deux pays pourraient être unis par une «conférence parlementaire servant de forum pour débattre des questions communautaires». Composée d'un nombre égal de délégués de chacun des deux États, cette conférence s'appuierait sur un conseil communautaire formé, lui, de ministres des deux pays.

■ Ce modèle, inspiré de l'Union européenne, suppose l'existence de pays indépendants. Si tel était le cas, comment concevoir la participation du Canada à des institutions communes ?

■ Lucien Bouchard répond ainsi à cette question : «Comment parvenir au maintien de l'espace économique par l'établissement d'un nouveau partenariat entre le Québec et le Canada ? Il faut d'abord rétablir le rapport de force par l'expression référendaire d'une véritable volonté démocratique du Québec d'accéder à la souveraineté.

«Le jour où le peuple du Québec fera entendre sa voix, le Canada anglais se trouvera en face d'une décision à prendre. Pour la première fois, il devra prendre au sérieux la volonté québécoise. C'est ce que les politiciens fédéralistes cherchent à éviter comme la peste. Ils savent mieux que quiconque que l'on ne peut résister à la volonté d'un peuple, dès lors qu'elle s'est clairement et démocratiquement exprimée [...].

«Après un référendum clair, [...] le Québec détiendra une carte maîtresse dans les négociations qui s'ensuivront : la part des intérêts de la dette qu'il entend assumer. Les milieux financiers exerceront alors d'énormes pressions sur le gouvernement québécois. Faut-il le rappeler, plus de 300 milliards de dollars de l'actuelle dette du Canada est détenu par des intérêts étrangers.

«Le Canada ne pourra échapper à l'obligation d'adopter alors une attitude responsable pour protéger la stabilité du dollar.»

45. Commission nationale sur l'avenir du Québec : souveraineté, association économique et, peut-être, association politique.

■ Rendu public le mercredi 19 avril 1995, le rapport de la Commission nationale sur l'avenir du Québec affirme que «la souveraineté est la seule option apte à répondre aux aspirations collectives des Québécoises et des Québécois».

■ Débordant largement les questions constitutionnelles (son rapport ressemble à un programme de parti), la Commission livre des recommandations sur de nombreux points.

• **Langue** : on suggère que le projet de loi précise «que le Québec est un pays de langue française et que le gouvernement s'engage à assurer la protection et l'épanouissement de la culture québécoise» ;

• **Union économique** : le gouvernement devrait indiquer «dans le projet de loi, quelles institutions communes de gestion des divers aspects de l'association économique et monétaire il considère souhaitables»;

• **Union politique** : une fois souverain, le Québec pourrait créer des liens politiques avec d'autres pays, dont le Canada. Plus particulièrement, le projet de loi sur la souveraineté indique «qu'un Québec souverain pourrait proposer et négocier des structures politiques communes et mutuellement avantageuses, lorsque les conditions le permettront»;

• **Partage des biens et de la dette** : rappelant que le Québec «dispose d'un important pouvoir de négociation sur la question des biens et de la dette», la Commission recommande que le Québec «énonce son intention de négocier sa juste part des biens et de la dette». En d'autres mots, la Commission conseille d'attirer l'attention sur les actifs qui appartiennent aux Québécois et dont plusieurs se trouvent à l'extérieur du Québec.

• **Autochtones** : on propose entre autres de reconnaître leurs droits et de négocier de bonne foi avec eux, d'informer toute la population sur ces négociations. On demande enfin aux «leaders autochtones d'être plus réceptifs aux préoccupations des autres Québécois».

Chapitre 3

La langue et ses maux

46. Un village gaulois dans un monde anglophone.

- Un constat d'abord : la situation linguistique du Québec n'a pas d'équivalent sur la planète. On a beau chercher, nulle part ailleurs n'existe le cas d'une «majorité minoritaire» comme peut l'être le Québec dans le Canada et l'Amérique du Nord.

Le Québec est une petite portion d'un pays et d'un continent où la langue prédominante, l'anglais, est justement celle qui, à l'échelle planétaire, domine.

- Concrètement, cela veut dire qu'il y a des «forces» à l'œuvre et que celles-ci favorisent globalement l'anglais. Un exemple ? Imaginons deux immigrants ne parlant ni le français ni l'anglais qui débarquent un bon matin, l'un à Montréal, l'autre à Toronto. Ils sont alors placés devant ce choix linguistique : «Vais-je apprendre le français seulement, l'anglais seulement ou les deux ? »

Après une rapide lecture de l'environnement, ils commenceront, s'ils ne sont pas contraints par des exigences scolaires ou professionnelles, par... apprendre l'anglais.

- Si des forces jouent contre le français et les francophones, ceux-ci ne sont nullement condamnés à disparaître, car il existe des moyens de contrer des facteurs négatifs. C'est le propre des politiques linguistiques et d'immigration, dont les grandes lignes sont tracées par la constitution.

- Ces politiques doivent être jugées selon ce critère : favorisent-elles, aujourd'hui et demain, l'épanouissement de ma communauté linguistique ? Cet épanouissement est-il assuré ou le résultat de combats toujours à recommencer ?

- Qu'en est-il également pour les francophones hors Québec ?

47. Les droits du français et de l'anglais dans les institutions fédérales.

■ « Le français et l'anglais sont les langues officielles du Canada : ils ont un statut et des droits et privilèges égaux quant à leur usage dans les institutions du Parlement et du gouvernement... »

■ Cela signifie que :

• chacun peut employer l'une ou l'autre langue dans les débats et travaux du Sénat et de la Chambre des communes ;

• les lois, les archives, les comptes rendus et les procès-verbaux du Parlement sont imprimés et publiés en français et en anglais ;

• les versions anglaise et française des lois ont également force de loi ;

• l'on peut utiliser l'anglais ou le français dans les affaires et procédures des tribunaux relevant du gouvernement fédéral ;

• le public a droit à l'emploi du français ou de l'anglais pour communiquer avec le siège ou l'administration centrale des institutions du Parlement ou du gouvernement du Canada, ou pour en recevoir les services ;

• les mêmes droits existent pour tout autre bureau de ces institutions lorsque l'emploi du français ou de l'anglais fait l'objet d'une demande importante ou se justifie par la vocation du bureau.

■ Ces droits de 1982 complètent la constitution de 1867 (sur les « obligations linguistiques » du fédéral et du Québec — *voir clef 10*) et constitutionnalisent ce que dit la *Loi sur les langues officielles* de 1969 quant au droit de s'adresser à l'administration fédérale en français ou en anglais.

■ Attention ! Le bilinguisme des institutions fédérales ne fait pas du Canada un pays totalement bilingue : il y a une seule province bilingue au Canada (Nouveau-Brunswick). Quant au bilinguisme institutionnel, il n'est pas complet : le droit d'utiliser le français dans un tribunal par exemple n'implique pas que le juge comprenne le français, mais celui d'avoir un interprète...

■ Les droits linguistiques ne peuvent être suspendus par une clause « nonobstant » (*voir clef 23*) d'une loi fédérale ou provinciale.

48. Services fédéraux en français : une situation insatisfaisante pour les francophones en dehors du Québec.

■ Le gouvernement fédéral offre des services au public dans quelque 13 700 bureaux au Canada. De ce nombre, 4 300 (ou 31 %) ont été désignés pour offrir des services en français et en anglais. Ces «bureaux désignés» sont principalement des bureaux de poste (860) et des points de service au public (parcs nationaux, prêts aux petites entreprises, vente de timbres, inscription à la pension de sécurité du revenu, douanes, Gendarmerie royale du Canada, etc.).

■ Une étude effectuée par le Commissariat aux langues officielles en 1994 montre que les anglophones sont très bien servis au servie au Québec (service en anglais obtenu dans 98,8 des cas), mais que, ailleurs, on n'obtient un service en français que dans 72 % des cas) [17].

■ Pour les citoyens ordinaires, le pourcentage n'est pas aussi élevé car, pour obtenir le service en français, les vérificateurs «ont dû se montrer tenaces dans bien des cas pour l'obtenir».

■ Voici d'ailleurs quelques conclusions tirées de cette étude :

• À l'extérieur du Québec, plus d'un bureau sur quatre n'a pas été en mesure de fournir un service en français ;

• La région de la capitale nationale offrait également un bon service dans les bureaux des administrations centrales et dans les institutions d'envergure nationale ; par contre, la qualité du service était moindre dans les bureaux à clientèle locale ;

• La Saskatchewan n'offre des services en français que dans 50 % des cas ;

• Pour l'ensemble du pays, le public est encouragé à choisir la langue de son choix dans seulement 70 % des cas ;

• Les services en français pour des voyageurs à l'extérieur du Québec étaient inadéquats : le service en français n'était pas disponible, une fois sur trois, dans un aéroport, une gare ferroviaire ou un poste-frontière des régions à prédominance anglophone.

■ Quel serait le pourcentage acceptable pour le Commissaire aux langues, Victor Goldbloom ? «100 % est le seul chiffre acceptable.»

**49. La Charte des droits de 1982
donne aux minorités provinciales
de langue française ou anglaise
le « droit à l'instruction dans la langue de la minorité ».**

■ La Charte canadienne parle (article 23) de droit « à l'instruction dans la langue de la minorité ». Pour les citoyens canadiens, cela signifie que :

   • ceux qui ont reçu leur instruction primaire en français ou en anglais au Canada et résidant dans une province où cette langue est minoritaire ont le droit de faire instruire dans cette langue leurs enfants aux niveaux primaire et secondaire ;

   • ceux dont un enfant a reçu ou reçoit son instruction, au niveau primaire ou secondaire, en français ou en anglais au Canada ont le droit de faire instruire tous leurs enfants, aux niveaux primaire et secondaire, dans la langue de cette instruction.

■ Le droit à l'instruction dans la langue de la minorité n'est pas absolu :

   • il s'exerce là où le **nombre** des enfants est **suffisant** pour justifier les dépenses ;

   • et comprend, lorsque le **nombre** de ces enfants le **justifie**, le droit de les faire instruire dans des établissements d'enseignement financés par les fonds publics mais contrôlés par la minorité linguistique.

■ Nombre suffisant et nombre justifiant : ces notions ne sont pas précisées. Mais la Cour suprême, qui a eu l'occasion de se pencher sur la question, a exclu toute formule rigide du genre « il faut qu'il y ait 25 enfants » pour que le droit puisse s'appliquer.

Bref, chaque cas est particulier et l'on doit, pour chacun, tenir compte de la clientèle actuelle et potentielle ainsi que l'importance des coûts).

■ Cet article 23 est venu « contrarier » la *Loi 101* du Québec en élargissant à l'ensemble du Canada (« clause Canada ») et non plus au Québec (« clause Québec ») le territoire où un citoyen pouvait avoir reçu son instruction en anglais et ainsi obtenir le droit d'envoyer ses enfants à l'école anglaise (*voir clefs 49 et 50*).

---

50. Constitution canadienne et *Loi 101* : la première fait perdre des plumes à la seconde.

■ Après sa victoire du 15 novembre 1976, le gouvernement du Parti québécois adopte en 1977 la *Charte de la langue française* (*Loi 101*). Cette loi, qui remplace la *Loi 22* adoptée par les libéraux en 1974, transforme le «paysage linguistique» car elle touche plusieurs aspects de l'utilisation du français (affichage, langue des entreprises, accès à l'école anglaise, langue des lois). Grosso modo, la *Loi 101*

• déclare que seul le texte français des lois est officiel ;

• impose un programme de francisation aux entreprises de plus de 50 employés ;

• réserve l'école anglaise aux enfants dont un parent a reçu son enseignement primaire au Québec en anglais («clause Québec») ;

• impose l'usage exclusif du français pour l'affichage public et la publicité commerciale.

■ Rapidement la *Loi 101* est attaquée devant les tribunaux. Le 13 décembre 1979, la Cour suprême déclare non constitutionnels (illégaux) les articles indiquant que seul le texte français des lois a valeur légale. Le Québec doit dès lors approuver à nouveau toutes ses lois en français et en anglais. Quant aux lois adoptées uniquement en français après l'entrée en vigueur de la *Loi 101*, on les réadopte d'un coup au moyen d'une loi générale sanctionnée dès le lendemain du jugement de la Cour suprême.

■ Tel que prévu par plusieurs, la «clause Canada» de la *Charte canadienne des droits* vient annuler la «clause Québec» de la *Loi 101* par décision de la Cour suprême le 26 juillet 1984.

■ Quatre ans plus tard, en décembre 1988, la Cour suprême indique que l'interdiction de toute autre langue que le français dans l'affichage public et la publicité commerciale contrevient à la liberté d'expression garantie par la Charte canadienne (*voir clef 23*).

■ Le gouvernement libéral adopte cependant la *Loi 178* et utilise la clause «nonobstant» (*voir clef 23*) pour maintenir l'usage exclusif du français dans l'affichage extérieur. Comme ses opposants ne peuvent contester la loi en vertu de la Charte canadienne, ils se tournent vers l'ONU et son Comité des droits de l'homme.

51. L'ONU juge la *Loi 178* trop restrictive.

■ C'est en avril 1993 que le Comité des droits de l'homme de l'ONU a rendu sa décision relative à la *Loi 178*. Le Comité a fondé son opinion sur le *Pacte international relatif aux droits civils et politiques*. Formé de 18 membres de pays différents et ne comptant aucun Canadien ou Québécois, le Comité a rendu une décision majoritaire mais non unanime, car quelques membres n'étaient pas d'accord avec toutes les décisions du Comité (sur la recevabilité de la plainte par exemple).

■ De ce jugement, retenons quelques points :

• «Les citoyens canadiens anglophones ne peuvent être considérés comme une minorité linguistique.»

• «Le Comité ne pense pas qu'il soit nécessaire, pour protéger les francophones, en position vulnérable au Canada, d'interdire la publicité en anglais. Cette protection peut être assurée par d'autres moyens qui ne portent pas atteinte à la liberté des commerçants de s'exprimer dans une langue de leur choix. Par exemple, la loi aurait pu exiger que la publicité soit bilingue, français-anglais.»

• «S'il est légitime qu'un État choisisse une ou plusieurs langues officielles, il ne l'est pas qu'il supprime, en dehors de la vie publique, la liberté de s'exprimer dans une certaine langue.»

• Les Anglo-Québécois n'ont pas été victimes de discrimination : «Cette interdiction [d'afficher en anglais] s'applique aux francophones aussi bien qu'aux anglophones [...] Le Comité conclut donc que les auteurs [les plaignants] n'ont fait l'objet d'aucune discrimination fondée sur leur langue...».

■ Au Québec, le jugement de l'ONU paraît incontournable, même si certains, comme le ministre responsable de l'application de la *Charte de la langue française*, M. Claude Ryan, croient plutôt que l'affichage ou le «discours commercial» fait davantage partie de la liberté de commerce que d'expression.

■ Vers la *Loi 86* : en juin 1993, donc à peine quelques semaines après le «jugement de l'ONU», l'Assemblée nationale adoptait d'autres modifications à la *Charte de la langue française*. Désormais le bilinguisme dans l'affichage est permis à condition qu'il y ait une nette prédominance du français.

52. Les francophones au Canada : une érosion globale.

■ La proportion de personnes de langue maternelle française au pays diminue et cette tendance s'accentue[18]. Les causes en sont la baisse de la natalité, l'assimilation des francophones et le choix de l'anglais plutôt que du français par les immigrants allophones (personnes de langue maternelle autre que le français ou l'anglais).

Année de recensement	Pourcentage de population de langue maternelle française	Diminution par rapport au recensement précédent
1951	29,0	
1961	28,1	-0,9
1971	26,9	-1,1
1981	25,7	-1,2
1991	24,3	-1,4

■ Au Québec, les grandes données démographiques sur la langue maternelle sont celles-ci depuis 1951 : la proportion de francophones a fluctué autour de 82 %, celle des anglophones a diminué, alors que celle des allophones a grimpé en flèche. Notons que les allophones sont surtout concentrés dans la région de Montréal où ils représentent environ 14 % de la population.

Langue maternelle	1951	1971	1991
Français	82,5 %	80,7 %	82,0 %
Anglais	13,8 %	13,1 %	9,2 %
Autre	3,7 %	6,2 %	8,8 %

■ Au Québec, la comparaison des chiffres sur la langue maternelle avec ceux sur la langue parlée à la maison montre que l'anglais l'emporte par une différence de + 69 470 :

Langue maternelle des 6 810 305 Québécois		Langue d'usage	Gain ou perte
Anglais	626 200	761 815	+ 135 615
Français	5 585 650	5 651 795	+ 66 145
Autre	598 455	396 695	- 201 760

■ Ces chiffres globaux cachent un phénomène apparu vers la fin des années 60 : les « nouveaux immigrants » qui abandonnent leur langue maternelle se francisent davantage qu'ils ne s'anglicisent.

Cela tient d'abord au fait que, depuis cette période, le Québec reçoit davantage d'immigrants « proches du français » par la langue ou l'histoire. C'est le cas notamment des immigrants de langue arabe, espagnole, créole, vietnamienne. Mais cela n'a pas toujours été le cas, comme le montre le tableau suivant sur différentes périodes d'immigration et sur la part du français dans l'assimilation des allophones arrivés au cours de ces périodes[19].

Période	Avant 1966	1966-1970	1971-1975	1976-1991
Part du français	25 %	41 %	52 %	69 %

■ Attention ! Seulement 30 % des immigrants allophones arrivés depuis 1966 ont abandonné leur langue maternelle au profit du français ou de l'anglais.

54. Une « côte à remonter » pour le Québec francophone : avec 82 % de la population, il n'intègre que 69 % des immigrants allophones.

■ Si le changement d'origine linguistique des immigrants a produit un effet, ce n'est pas la seule cause du virage en faveur du français. D'autres facteurs interviennent : la législation linguistique limitant l'accès à l'école anglaise (*Loi 22* et *Loi 101* — *voir clefs 13 et 50*) et les accords conclus avec le gouvernement fédéral pour permettre au Québec de sélectionner lui-même quelque 50 % de ses immigrants (*voir clefs 43 et 65*).

■ L'un des signes du changement se trouve dans la proportion d'élèves allophones qui étudient en français aux niveaux primaire et secondaire ; entre 1980 et 1990, cette proportion a doublé, atteignant 75 %.

■ Par contre, là où le libre choix existe, à partir du collégial, l'anglais domine, même si la proportion de ceux qui étudient en français a nettement augmenté (de 14 % à 41 % entre 1980 et 1990).

■ Tout compte fait, la situation est celle-ci :

　• en raison du faible taux de natalité, l'immigration internationale occupe une place relativement importante (mais insuffisante pour éviter la décroissance de la population — *voir clef 73*) ;

　• la très grande majorité des immigrants au Québec sont des allophones (environ 88 %) et la majeure partie d'entre eux (70 %) conserve sa langue maternelle ;

　• des 30 % qui optent pour le français ou l'anglais, le groupe francophone en attire 69 % alors que le groupe anglophone (9,1 % de la population) en attire 31 %.

■ Conclusion ? À moins d'un changement, on assistera à une baisse relative du nombre de francophones au Québec par rapport à la population totale et par rapport à chacun des deux autres groupes linguistiques (anglophone et allophone).

■ Sur cette question de survie à long terme de la minorité nationale francophone au Canada, la constitution canadienne est totalement silencieuse[20]. Elle ne traite que des droits linguistiques des minorités provinciales (*voir clef 49*).

55. Les francophones hors du Québec connaissent un rythme effarant d'anglicisation.

■ Selon le recensement de 1991, il y a au Canada, en dehors du Québec, 976 415 personnes de langue maternelle française. Mais seulement 636 640 parlent français à la maison (langue d'usage). En d'autres termes, 35 % ont abandonné le français au profit de l'anglais... L'anglicisation frappe de plein fouet les francophones en dehors du Québec.

■ Le taux d'anglicisation varie d'une province à l'autre. Le mathématicien Charles Castonguay de l'Université d'Ottawa a mis en lumière ces taux montrant que la survie des francophones est d'autant plus précaire que l'éloignement du Québec est grand [21]. De génération en génération, les francophones disparaissent aux rythmes suivants en dehors du Québec :

Colombie-Britannique :	72 %
Alberta :	64 %
Saskatchewan :	67 %
Manitoba :	50 %
Ontario :	37 %
Nouveau-Brunswick :	8 %
Nouvelle-Écosse :	41 %
Île-du-Prince-Édouard :	47 %
Terre-Neuve :	53 %

■ La moyenne de ces taux est de 34,8 %. Vingt ans plus tôt, en 1971, le taux moyen d'assimilation était de 27 %. En d'autres mots, les francophones disparaissent... de plus en plus vite.

■ Hors Québec, ceux qui parlent français à la maison ne constituent que 3,2 % de la population. Ils sont concentrés au Nouveau-Brunswick (223 265) et en Ontario (318 705). Dans cette dernière province, un mariage mixte (francophone-anglophone) entraîne dans 85 % des cas l'assimilation du francophone. Le contraire ne se produit qu'une fois sur vingt... Une fois sur dix, le couple est bilingue, mais les enfants, majoritairement anglophones.

56. Des lois historiques contre le français au Canada. Les cas du Manitoba et l'Ontario.

■ Des législations et règlements linguistiques, il y en a eu beaucoup au Canada[22]. Quand les provinces canadiennes ont légiféré, ce fut souvent pour limiter l'usage du français ou l'interdire. Le Manitoba et l'Ontario sont, à cet égard, exemplaires.

À son entrée dans le Canada en 1870, le Manitoba — alors majoritairement francophone — est soumis aux mêmes règles que le Québec (bilinguisme de l'assemblée législative et des tribunaux — *voir clef 10*). Mais en 1890, le Manitoba adopte une loi, l'*Official Language Act*, qui fait de l'anglais la seule langue officielle.

Contraire à la constitution, cette loi ne fut jamais désavouée par le fédéral ! Elle ne sera déclarée nulle qu'en 1979.

Pour l'éducation, la situation fut encore pire, cette province faisant de l'anglais, en 1916, la seule langue de l'enseignement. Ce n'est qu'en 1955 que le Manitoba permet à nouveau l'enseignement en français... de la quatrième à la douzième année.

Selon le recensement de 1991, il n'y a plus que 50 775 personnes parlant français à la maison (4,7 % de la population).

■ L'Ontario a aussi «serré la vis» aux francophones. En 1912, elle faisait de l'anglais la seule langue d'enseignement après la troisième année et restreignait l'étude du français à une heure par jour...

Il faut attendre 1968 pour que cette province autorise la création d'écoles francophones publiques à l'élémentaire et au secondaire[23]. Résultat ? Les Franco-Ontariens ont un taux d'analphabétisme très élevé (31,2 %, soit deux fois plus que la moyenne nationale). Une étude récente énumère plusieurs causes : les injustices passées, le sous-financement des écoles françaises et le manque de moyens pour que les francophones puissent contrôler leurs écoles. Ce dernier point est un droit (*voir clef 49*), qui «n'est toujours qu'à l'état de projet»[24].

Autre cause : la pratique linguistique mixte entre la langue minoritaire et majoritaire «dérange l'apprentissage de nombreux enfants». La confusion linguistique dans laquelle ils baignent, en raison de la concurrence entre deux langues, conduirait souvent à un «bilinguisme transitoire» vers l'unilinguisme anglais.

57. L'inaction chronique des provinces anglophones.

■ Entre ce que dit la constitution et ce que font les gouvernements, il y a souvent un fossé. C'est le cas de l'application de l'article 23 de la *Charte canadienne des droits* sur le « droit à l'instruction dans la langue de la minorité ».

■ Le 22 avril 1993, donc neuf ans après la proclamation de cette Charte, le président de la Fédération des communautés francophones et acadienne du Canada écrivait au premier ministre Mulroney au sujet de l'article 23 : « Notre société ne peut se permettre indéfiniment le luxe de voir cette Charte si peu respectée.

« Entre-temps, les récentes données démolinguistiques recueillies lors du recensement de 1991 démontrent de façon cruelle les conséquences de l'apathie de nos gouvernements. [...] la clé pour l'avenir de nos communautés passe, inévitablement, par une éducation en français ainsi que la prise en charge des établissements d'instruction. C'est incontournable ! »

■ Qu'en est-il en 1995 ? Armand Bédard, directeur général de la Commission nationale des parents francophones, décrit ce qui se passe au Canada : « Les provinces qui respectent l'article 23 ne le font qu'après avoir perdu une bataille juridique. Ce fut le cas en Saskatchewan, en Alberta et au Manitoba. Même si la Cour suprême du Canada a déjà mis en lumière les droits des francophones, des provinces résistent toujours de multiples façons. En Colombie-Britannique, en Ontario, à Terre-Neuve/Labrador, en Nouvelle-Écosse, les francophones doivent encore se battre. On se cache derrière des commissions d'enquête, des sondages, des consultations. À certains endroits, on dit que cela va diviser les communautés, que cela va coûter cher. C'est le règne de l'hypocrisie. »

■ Su cette question, les juristes Henri Brun et Guy Tremblay écrivent ceci : « Dans le cas de l'article 23, il pourra devenir nécessaire que les tribunaux acceptent de suppléer au manque de " volonté politique " [...] la Cour suprême a souligné que le véritable obstacle aux droits de la minorité francophone en Alberta [...] provenait de l'inaction des autorités provinciales... [25] »

Chapitre 4

Canada ou Québec : l'affrontement des points de vue.

---
58. Deux façons de « lire » l'histoire du Québec ?

■ À lire les textes[26] des pages suivantes, on ne peut qu'être frappé par les divergences de vues sur les bienfaits de l'expérience du fédéralisme canadien pour le Québec. Pour les uns, l'expérience fédérale canadienne a été un facteur de croissance et d'épanouissement. Pour les autres, si le Québec s'est épanoui, c'est en raison de ses propres efforts, de sa vigilance et, souvent, de ses combats contre la volonté fédérale de centralisation et d'uniformisation. Pour ces derniers, le Québec gaspille une part sensible de ses énergies en restant dans la fédération canadienne.

■ Bref, il y a deux façons d'interpréter ou de « lire » l'expérience du Québec : d'un côté, le Canada a permis son épanouissement ; de l'autre, il l'a freiné et continue de le faire.

■ Y aurait-il un malentendu profond entre les deux peuples fondateurs ? Dans son pamphlet d'octobre 1992, l'ancien premier ministre Pierre Elliott Trudeau dit que les réalités faisant du Québec une société distincte (frontières propres, majorité francophone, régime particulier de lois) ont « produit la constitution canadienne de 1867, dont la forme fédérative plutôt qu'unitaire fut imposée aux autres Canadiens par les Canadiens français [...] »

N'est-ce pas là, d'une certaine façon, donner raison aux souverainistes qui disent que, sans le Québec, le Canada pourrait enfin devenir lui-même ?

■ À chacun de répondre, de choisir et de se faire une idée... son idée.

59. L'Action démocratique du Québec : des partenaires souverains disposant d'un parlement commun.

■ Créé le 5 mars 1994, le parti de l'Action démocratique du Québec, dirigé par Mario Dumont, est le dernier-né des partis politiques québécois. Aux élections générales du 12 septembre 1994, ce parti a réalisé un bon score, amassant 6,46 % du vote total (dans les 80 circonscriptions où il avait un candidat, l'ADQ a récolté 11 % du vote).

■ Ancien militant du Parti libéral du Québec, mais ayant quitté ce parti en raison de son opposition au rejet du *Rapport Allaire*, Mario Dumont propose une union confédérale entre le Québec et le Canada.

■ Après avoir accepté de participer aux activités des commissions régionales sur l'avenir du Québec (*voir clef 43*), ce parti voyait son option constitutionnelle distribuée dans tous les foyers du Québec [27].

■ Celle-ci veut concilier deux objectifs, « celui d'être maîtres chez nous et celui d'être enfin des partenaires à part entière d'un ensemble que l'économie, l'histoire et la géographie ont tissé depuis des générations, c'est-à-dire l'ensemble canadien ».

■ L'Action démocratique veut remplacer le système fédéral par une « nouvelle union moderne, à l'image de l'union européenne, où chaque partenaire conserve ses droits et ses pouvoirs et dont le fonctionnement repose sur l'existence d'un parlement commun ».

■ Composé de représentants élus des États membres, ce parlement s'occuperait de questions telles que la libre circulation des personnes, des biens, des services et des capitaux au sein de l'union ; le commerce international, le remboursement de la dette conjointe ; le maintien d'une monnaie commune, d'une banque centrale et la réglementation des banques à charte, la poste, l'armée, etc.

■ Comment y parvenir ? Par référendum : « Parce que les Québécois ne peuvent plus croire en la possibilité d'une réforme de la Constitution canadienne, [...] ils doivent exercer par voie de référendum leur droit à la souveraineté tout en proposant du même coup de créer la nouvelle union économique et politique. »

60. L'Alliance des professeures et professeurs : l'article 93 de la constitution empêche le Québec de moderniser son système scolaire.

■ Des classes francophones dans une commission scolaire anglophone, voilà l'un des effets de l'article 93 de la Constitution (*voir clef 8*). En février 1995, l'Alliance des professeures et professeurs de Montréal dénonçait cette situation.

«Depuis 1966, la Constitution canadienne empêche le Québec de modifier ses structures scolaires à Montréal et Québec, alors que tous les gouvernements québécois, quel que fût le parti exerçant le pouvoir, ont reconnu la nécessité de déconfessionnaliser ses commissions scolaires. Nous regrettons d'ailleurs que [...] les gouvernements à la tête du Québec n'aient pas profité des diverses tentatives d'aménagement de la Constitution pour essayer de corriger les injustices causées par l'article 93 de l'AANB*.

«Il faut répéter que l'article 93, écrit en 1867 pour protéger les protestants du Bas-Canada, a peut-être servi jadis les intérêts du clergé catholique mais que, dans le Québec moderne, il a eu pour effet de diviser les francophones et d'en assujettir un nombre croissant aux dirigeants anglo-protestants du *Protestant School Board of Greater Montreal*. Il faut dire aussi qu'il a attiré de nombreux jeunes immigrants vers les classes d'accueil "françaises" soumises à l'environnement anglophone de cette même commission scolaire. Il faut redire enfin qu'il a donné l'occasion aux catholiques intégristes de monopoliser la direction de la CECM (Commission des écoles catholiques de Montréal) et de dépenser devant les tribunaux des sommes qui auraient dû servir à l'instruction des élèves. Il faut achever la séparation des Églises et de l'État...[28]»

■ En 1990, dans son mémoire à la Commission Bélanger-Campeau, l'*Alliance* disait déjà sur cette question : «Nous attendons encore que quelqu'un nous démontre que le pacte constitutionnel permet au Québec d'évoluer comme il le désire dans un domaine —l'éducation — qui est, paraît-il, de juridiction provinciale[29]. » (*voir clef 8*).

* AANB : *Acte de l'Amérique du Nord britannique.*

61. Lucien Bouchard, chef du Bloc québécois : « Serions-nous un peuple qui a besoin de la direction d'un autre pour s'épanouir [30] ? »

■ « Pierre Elliott Trudeau et Jean Chrétien ne nous ont pas dit, en 1980, qu'en disant NON à René Lévesque, on risquait de se faire faire le coup de 1982, ou qu'on s'exposait à voir la dette fédérale atteindre 600 milliards en 1996. Combien d'autres peuples l'ont pris, ce risque de devenir souverains, et s'en sont mieux trouvés ! Les Américains n'ont pas eu peur de devenir les États-Unis, les Hollandais de devenir les Pays-Bas, les Italiens de devenir l'Italie, les Norvégiens de devenir la Norvège, etc. Qu'est-ce donc qui nous empêche d'en faire autant ?

« Nous sommes le seul peuple d'Occident ayant un certain poids démographique [...] à ne pas être souverain. Le fédéralisme canadien nous a-t-il à ce point comblés, ou sommes-nous plus incapables que les autres ?

« Serions-nous un peuple qui a besoin de la direction d'un autre pour survivre et s'épanouir ? Je ne puis m'empêcher de penser que, chez certains, l'allégeance fédéraliste s'inspire d'un jugement pessimiste sur notre capacité de nous gouverner nous-mêmes.

« Que le Québec ait tout ce qu'il faut pour réussir comme société indépendante n'est contesté par personne, pas même par les adversaires les plus farouches de la souveraineté. Les questions soulevées concernent les coûts de la transition. Mais si nous sommes solidaires, nous créerons une situation où le reste du Canada verra que le bon sens et l'intérêt bien compris résident dans une vraie négociation, de peuple à peuple, d'égal à égal.

« On pourra réclamer les garanties que l'on veut, rien ne sera possible si nous ne fondons pas la construction du Québec sur la foi en nous-mêmes. Car la souveraineté est d'abord et avant tout affaire de confiance. Le peuple québécois a des atouts (la solidarité, la capacité de se mobiliser rapidement...) qui ont tendance à se diluer dans le grand tout canadien. Un peu partout en Occident, la force du sentiment d'appartenance à une collectivité territoriale spécifique se manifeste de nouveau. »

- L'expansion territoriale : « Le Québec a bénéficié, par le biais des lois fédérales, d'une expansion territoriale considérable, d'abord en 1898, et surtout en 1912, suite à l'acquisition par le gouvernement canadien en 1870 des Territoires de la Compagnie de la Baie d'Hudson. En effet, en 1867, le Québec s'étendait sur 193 355 milles carrés alors que son territoire s'étend maintenant sur 594 860 milles carrés. C'est tout le Nouveau-Québec qui s'y retrouve, la Baie James y compris, le plus grand réservoir de ressources naturelles des Québécois. »

- Paiements de transfert (subventions) : « C'est le gouvernement fédéral qui a pris l'initiative de mettre en place l'assurance-chômage, les allocations familiales et le régime des pensions de vieillesse, à une époque où le gouvernement provincial s'y opposait sous prétexte que ces programmes allaient saper l'autorité familiale et le sens de responsabilité des enfants à l'égard des parents âgés. C'est le gouvernement fédéral de Louis Saint-Laurent, en 1954, [...] qui a instauré le système de péréquation pour les provinces, c'est-à-dire un versement, sans conditions, à toutes les provinces dont les revenus sont plus bas que ceux des provinces les plus riches.

« Cette formule de partage de la richesse [propre au Canada] a toujours bénéficié en priorité au Québec. C'est le gouvernement canadien seul qui l'a inventée, et enchâssée dans la Constitution de 1982, en en faisant un des instruments fondamentaux de la redistribution des richesses au pays.

« À ces transferts directs aux [provinces], qui les utilisent librement selon leurs priorités et leurs choix budgétaires, et qui représentent aujourd'hui au Québec 28 % de son budget annuel, s'ajoutent tous les paiements pour les programmes dits à frais partagés, dans le domaine de la santé, de l'hospitalisation, des universités, de l'aide sociale, dont toutes les institutions sont sous la juridiction exclusive de la province. Ce qui représente 50 % du budget total des dépenses en matières sociales et d'éducation au Québec. »

63. Jean Chrétien indique que les exploits de l'économie québécoise sont en partie dus au gouvernement fédéral [32].

■ La vigueur économique du Québec : « Nous avons un peu tendance en certains milieux à oublier que l'émergence d'un leadership d'affaires au Québec dans les derniers 20 ans s'est aussi largement faite grâce à la coopération, l'appui et le soutien financier du gouvernement canadien.

« Il suffit de rappeler qu'à partir des années 60, l'ACDI * a joué un rôle déterminant pour impliquer les entrepreneurs québécois dans les marchés d'exploration des biens et services dans les pays en voie de développement.

« Parce que le gouvernement Pearson avait fait le choix de soutenir autant le développement des pays francophones que celui des pays du Commonwealth, on a suscité au Québec l'émergence de tout un secteur d'exportation de biens et services, qui, aujourd'hui, constitue l'un des plus beaux fleurons de l'industrie québécoise. Les Lavalin, SNC, Sofati, pour ne nommer que celles-là, ont pu prendre pied en Afrique, au Moyen-Orient et en Asie, grâce au soutien financier accordé aux pays clients, et à l'obligation d'acheter "canadien".

« De plus, des entreprises importantes du Québec, comme Bombardier, ont pu décrocher d'importants contrats d'exportation sur des marchés hautement concurrentiels, comme celui du métro de New York, grâce au financement offert par la Société canadienne d'exportation.

« On a beaucoup décrié l'Agence d'examen des investissements étrangers, jusqu'à ce que, cédant aux pressions des Américains, elle soit finalement vidée de son sens. Mais on ne peut nier que c'est grâce à elle que des industries de pointe ont pu s'établir au Québec, comme Bell Helicopter, et que ce sont les régions où le capital était moins fort qui en ont le plus profité. »

* ACDI : Agence canadienne de développement international.

64. Jean Chrétien propose des suggestions pour modifier la constitution [33].

■ « Il faudrait [...] décider comment s'y prendre pour amender la Constitution. Nous avons vécu l'expérience de rechercher l'unanimité à l'intérieur de la formule d'amendement — ce qui était essentiellement pour tenter de contrer le droit de veto du Québec sur tout amendement — et nous nous sommes aperçus que cela ne fonctionnait pas.

« Il est temps d'aborder franchement la question du droit de veto du Québec au lieu de l'éviter en donnant le droit de veto à tous les partenaires, ce qui a pour effet d'imposer l'unanimité, une contrainte paralysante. Nous devons reconnaître qu'exiger l'unanimité minimise une des caractéristiques les plus séduisantes du fédéralisme : sa souplesse et son dynamisme.

« Nous soutenons depuis longtemps qu'une formule d'amendement fondée sur les régions, telle que proposée dans la Charte de Victoria en 1971 (*voir clef 14*) serait plus efficace pour ce pays.

« Avec une telle formule, le Québec conserverait son droit de veto. Une autre option qui pourrait être étudiée serait la formule des sept provinces représentant cinquante pour cent de la population, en ajoutant une clause stipulant que le Québec doit être une des sept provinces.

« Tout nouveau processus d'amendement devra inclure la consultation et l'implication du public, [...] il est souhaitable de prévoir un mécanisme pour résoudre les impasses en cas de blocage dans le processus d'approbation parlementaire.

« Devant une telle éventualité, ce sont les citoyens qui pourraient se prononcer par référendum afin d'exprimer le consentement requis. Ainsi on établirait un mécanisme qui garantirait que les Canadiens seraient impliqués directement dans l'évolution de leur pays, et on s'assurerait qu'ils puissent avoir le dernier mot en cas d'impasse législative.

« [...] tout changement devrait être approuvé par chacune des grandes régions du pays. »

65. Jean Chrétien s'attaque à ce qu'il nomme des « mythes » [34].

- « Il importe aussi de se débarrasser de certains mythes entretenus un peu partout au Canada, et particulièrement au Québec.
- « 1. Le Canada n'est pas un pays où le pouvoir est très centralisé à l'échelon fédéral. En fait, à part la Suisse, le Canada constitue probablement la fédération la plus décentralisée au monde. Il est également faux que la centralisation s'est accentuée depuis 1960 : c'est indubitablement le phénomène inverse qui s'est produit.
- « 2. Loin d'être démunis face aux organismes fédéraux, les Québécois ont toujours joué un rôle de premier ordre. Ils ont pu faire en sorte que les intérêts du Québec soient reconnus, tout autant que ceux des autres régions canadiennes. Il est injuste de caractériser le gouvernement fédéral de gouvernement "étranger" au Québec, alors que durant 32 des 40 dernières années, le Premier Ministre du Canada était originaire du Québec. Et ceci, sans compter les nombreux Québécois qui ont dirigé des ministères de premier ordre, soit comme ministres soit comme sous-ministres, ou qui ont été à la tête de sociétés de la Couronne ou de commissions importantes.
- « 3. Les tensions entre les niveaux de gouvernements dans un régime fédéral sont un signe de vitalité. L'absence de tension constituerait la plus claire indication qu'un ordre de gouvernement domine complètement l'autre. Ces tensions seraient d'ailleurs même loin de diminuer entre pays indépendants. Le fédéralisme fournit un cadre juridique et politique permettant de résoudre ces conflits, soit par des compromis politiques tenant compte de l'intérêt commun, soit par des tribunaux indépendants. »
- Plus loin dans son mémoire à la Commission Bélanger-Campeau, M. Chrétien parle de la souplesse du régime fédéral en donnant des exemples d'ententes entre le Québec et Ottawa : « [...] l'entente [fédérale-provinciale] Cullen-Couture [donnant] au Québec le droit d'exercer un contrôle plus important sur l'immigration ; [les] pensions, où le Québec a choisi de ne pas adhérer au régime des pensions du Canada afin d'établir son propre régime, ce qui a donné lieu à l'émergence de cette grande force économique que représente la Caisse de dépôt et de placement du Québec. »

66. Conseil du patronat du Québec : une plus grande autonomie des provinces mais en maintenant le lien fédéral [35].

- « Dans un pays aussi diversifié que le nôtre, les provinces doivent bénéficier d'une autonomie beaucoup plus considérable [...] afin de tenir compte de leur spécificité [...].

« La main-d'œuvre constitue un autre champ d'action où l'autonomie devrait être accrue [...]. Personne ne niera l'évidence. L'Ontario, les provinces de l'Ouest, les provinces de l'Atlantique et le Québec ont à faire face à des situations qui n'ont rien en commun. L'échec de la centralisation de pouvoirs importants dans ce domaine n'est plus à démontrer [ni] son coût excessif.

« Il faut par ailleurs reconnaître qu'une grande partie de nos succès sont certainement attribuables à notre appartenance à l'ensemble canadien... »

- Recommandations du Conseil du patronat :

« 1. Ce sont les relations fédérales-provinciales qu'il faut revoir et non le principe même du fédéralisme.

« 2. Des pouvoirs décisionnels accrus doivent être consentis aux provinces, plus particulièrement dans certains domaines comme l'immigration, la main-d'œuvre et la politique familiale. Et pourquoi pas également dans d'autres domaines?

« 3. Il nous faut continuer à défendre le caractère distinct du Québec et nous interroger sur l'opportunité d'une constitution québécoise, dans le cadre d'un régime fédéral moderne qui aura également précisé la place que le Canada entend faire à ses populations autochtones.

« 4. C'est [...] en maintenant [...] sans aucune équivoque possible le lien économique qui unit le Québec à l'ensemble de la confédération canadienne, que ces changements et ces réflexions doivent être menés.

« 5. Il est essentiel de maintenir et même d'améliorer le niveau de vie des Québécois [par] la continuité des liens économiques entre le Québec et les autres provinces... »

67. Libéraux provinciaux et fédéraux : fédéralisme efficace pour Daniel Johnson et fédéralisme réformé pour Jean Chrétien.

■ Sans programme constitutionnel officiel, Daniel Johnson, le chef du Parti libéral du Québec, a esquissé au début de l'année 1995 le type de fédéralisme qu'il aimerait voir implanté au pays. Évoquant la mondialisation de l'économie et la crise fiscale canadienne, il en tire la conclusion qu'il faut un fédéralisme plus souple où les responsabilités seraient accordées au niveau de gouvernement qui pourrait le mieux s'en occuper. Ce serait un fédéralisme décentralisé, car on ne conférerait « au gouvernement central que les éléments qui ne peuvent être gérés de façon juste et efficace au niveau [provincial] [36] ».

■ Quant au Parti libéral du Canada, son programme constitutionnel date de février 1992 alors que les participants à un congrès du Parti ont mandaté un comité de préparer un projet de réforme intégrant ces éléments [37] :

1. une nouvelle répartition des pouvoirs qui tienne compte de « l'exercice, par le Québec, des pouvoirs nécessaires à la protection et la promotion de la langue et de la culture française sur son territoire dans le respect des droits et libertés reconnus » ;

2. la protection constitutionnelle du caractère distinct du Québec en garantissant, entre autres, « un droit de veto ; l'inclusion, dans une nouvelle formule d'amendement, d'un droit de retrait [d'un programme fédéral] avec pleine compensation financière pour les provinces ».

Ce droit de retrait s'appliquerait aussi pour des programmes déjà en place en vertu du pouvoir de dépenser (*voir clef 9*). Ainsi toute province aurait un droit de retrait avec compensation financière pour « tout programme fédéral cofinancé initié (sic) dans leurs champs de compétence exclusifs, dans la mesure où ces dernières établissent un programme compatible avec les objectifs du programme national ».

Quant à la Cour suprême, le Québec devrait conserver le droit d'y avoir 33 % des juges et disposer de celui, comme les autres provinces, de participer au processus de leur sélection.

68. Le Mouvement Desjardins : le Québec a besoin d'espace, de liberté [38].

■ « Dans les dernières années, le Québec, on le sait, a su se montrer plus éveillé que la plupart de ses partenaires canadiens quant aux transformations de l'environnement international. [...]

« Malgré ses substantiels progrès sur le plan économique, cependant, le Québec, à cause de la diminution de son poids démographique, voit réduire sans cesse son poids politique au sein de l'ensemble canadien et, du même coup, sa capacité d'intervenir sur les décisions fédérales et d'obtenir des politiques qui tiennent compte de ses besoins propres. [...]

« La même situation limite aussi les pouvoirs d'action du Québec dans les champs de la lutte au chômage, du développement régional, de la formation de la main-d'œuvre, de la structuration industrielle, etc. Le Québec est ainsi pénalisé, à certains égards, par sa participation au fédéralisme canadien et y perd certains pouvoirs essentiels à la pleine réalisation de son potentiel de développement.

« [...] la moindre revendication par le Québec de pouvoirs ou d'arrangements particuliers à des programmes nationaux, pour répondre aux exigences spéciales de sa situation, est sentie par la majorité anglophone comme une menace inacceptable à l'intégrité et à la viabilité du Canada... »

■ Recommandations du Mouvement Desjardins :

• « reconnaître que le Québec doit avoir le contrôle de ses leviers politiques, économiques, sociaux, législatifs, administratifs et fiscaux et que, pour ce faire, il doit se donner le statut d'une communauté nationale autonome ;

• « reconnaître que, devenu autonome, le Québec, dans un contexte d'internationalisation, aurait la capacité de négocier des accords avec d'autres nations souveraines, en particulier avec celles qui sont ses voisines ;

• « proposer que la décision finale soit soumise en termes clairs et décisifs, par le moyen d'une consultation référendaire, à la volonté démocratique des Québécoises et des Québécois. »

69. Jacques Parizeau :
« Les Québécois méritent mieux[39]. »

■ « Mais alors même que nous prouvions, dans tous les domaines, notre capacité d'agir comme nation, d'une manière originale et talentueuse, beaucoup de nos meilleures énergies ont été gaspillées dans un effort noble, mais toujours contrarié, de donner aux Québécois les outils de leurs ambitions.

« Du "Maîtres chez nous " de Jean Lesage jusqu'à la "société distincte " de Robert Bourassa, en passant par le " Égalité ou indépendance " de Daniel Johnson père, nos tentatives d'élargir —ou plus simplement de préserver— l'autonomie québécoise au sein du Canada se sont heurtées à un refus chaque fois plus ferme de nos voisins.

« Il y a 12 ans, le rapatriement unilatéral de Pierre Trudeau a réduit les pouvoirs de l'Assemblée nationale (*voir clef 25*), contre notre gré, dans une constitution que jamais le Québec n'a signée.

« Il y a quatre ans, la mort de l'Accord du lac Meech a signifié le refus du Canada anglais de reconnaître, même symboliquement, notre différence. À ce jour, la loi fondamentale du Canada ne reconnaît les Québécois ni comme une nation, ni comme un peuple, ni même comme une société distincte. C'est un triste constat. Il n'est pas digne de nous. Les Québécois méritent mieux.

« Il y a trois ans, unis comme jamais auparavant dans la grande commission Bélanger-Campeau sur l'avenir du Québec, les fédéralistes et les souverainistes québécois se sont entendus sur une démarche commune et ils ont rejeté sans équivoque le régime canadien actuel. Les membres fédéralistes de la commission ont voulu donner une toute dernière chance au Canada de se renouveler en profondeur, faute de quoi la pleine souveraineté du Québec devait être proposée aux Québécois par référendum.

« Le scénario s'est déroulé, inexorable. Il y a deux ans, l'accord de Charlottetown a été soumis aux électeurs qui l'ont rejeté, au Québec et au Canada. Vous vous souvenez ? C'était la dernière chance du Canada. »

70. Le Parti québécois donne des raisons économiques « Pour faire du Québec un pays »[40].

■ Le Parti québécois publiait au début de 1995 une brochure destinée à répondre « aux questions les plus souvent soulevées au sujet de la souveraineté ». Voici quelques extraits de cet « argumentaire » POUR la souveraineté.

■ « POUR que le Québec ne soit plus défavorisé par des politiques discriminatoires du gouvernement fédéral. À titre d'exemple, dans les années 1960, Ottawa a favorisé l'industrie pétrolière de l'Ontario au détriment de celle du Québec, entraînant ainsi la fermeture de plusieurs raffineries de pétrole de l'Est de Montréal, et a réservé le développement de l'industrie de l'automobile à l'Ontario, où se trouvent aujourd'hui 90 % des emplois de ce secteur alors que le Québec n'en compte que 7 %.

« Dans les années 1970, on a consacré une aide fédérale massive de plus de 12 milliards $ à l'énergie nucléaire ontarienne contre presque rien pour appuyer l'énergie hydro-électrique québécoise.

« Dans les années 1980, une rationalisation des chantiers maritimes canadiens a pratiquement entraîné la disparition de tous les grands chantiers du Québec, assuré le développement de ceux du Nouveau-Brunswick et permis l'ouverture d'un tout nouveau chantier à Terre-Neuve.

« Dans les années 1990, [les] politiques fédérales octroient à l'Ontario plus de 52 % des dépenses en recherche et développement alors que le Québec n'en reçoit que 18 %. »

■ « POUR faire échec aux politiques du gouvernement de monsieur Chrétien qui depuis son élection poursuit une centralisation digne des pires années du régime de monsieur Trudeau, notamment en imposant des normes nationales et en cherchant à contrôler nos décisions en matière d'éducation, de formation professionnelle et de santé, alors qu'au même moment, il diminue la portion de nos impôts qu'Ottawa nous retourne pour assurer le financement de nos programmes. »

■ « POUR mettre un terme aux dédoublements de ministères : deux ministères des Finances, de l'Agriculture, de la Santé, du Revenu, de l'Immigration, etc., qui entraînent des gaspillages... »

71. Réjean Tremblay : un Québécois qui ne veut plus traîner le qualificatif de *français* à côté du mot *canadien* [41] !

■ « C'est dans le fond de soi, dans son âme, qu'on vit le débat constitutionnel. Les politiciens, les économistes, les fabricants d'images s'escriment pour convaincre ou pour faire peur, mais ce qu'on est, ce qu'on veut être, c'est en se regardant qu'on peut le savoir.

« Dans mon cas, je ne veux plus porter d'adjectif qualificatif. Je veux que ce soit l'autre qui se définisse.

« Je voyage beaucoup, Moscou, Riga, Paris, Stockholm, New York... et souvent, Toronto. J'ai un passeport canadien. Mais ce n'est pas assez, toujours, tout le temps, partout, je suis obligé de préciser : "I'm a *french* Canadian."

« Mes confrères de langue anglaise qui vivent à Edmonton ou à Halifax n'ont pas à se qualifier. Pour eux, la question n'existe même pas. Aux Jeux d'Albertville, en plein cœur de la Savoie, jamais Terry Jones du *Sun* d'Edmonton ou Jim Christie du *Globe and Mail* de Toronto n'ont senti le besoin d'ajouter quoi que ce soit quand on leur demandait leur nationalité : "We are Canadian." Alors que je suis Canadien *français*.

« Quand je me présente comme Québécois, je n'ai pas à ajouter d'adjectif qualificatif. C'est naturel et pour moi et pour mon interlocuteur. Alors que mes amis de la *Gazette*, je pense à David Johnston, sont obligés de préciser : "I'm an *anglo* Quebecer." Pour moi, le débat constitutionnel, c'est ça. Je ne veux plus traîner d'adjectif qualificatif. [...]

« Parfois, c'est difficile de comprendre pourquoi ils tiennent tant à nous garder dans la Confédération. Je pense que ça vient de leur concept même de ce qu'est un pays. Et quand ils chantent leur Canada, quand ils en parlent avec amour, ils parlent de leur "land"...

« D'ailleurs, si les Québécois décidaient d'aller tous vivre ailleurs en abandonnant le territoire, le Canada ne lèverait pas le petit doigt pour les retenir. Parce qu'il conserverait l'essentiel... la terre. »

72. Pierre Elliott Trudeau dénonce Robert Bourassa et René Lévesque !

■ Pierre Elliott Trudeau publiait en octobre 1992 un pamphlet contre l'Accord de Charlottetown[42]. Mais son texte, comme l'indique le titre, visait aussi la «pensée nationaliste» au Québec : « Il y a 42 ans, [...] dans le premier numéro de *Cité libre*, j'écrivais : "Le pays ne peut pas exister sans le Québec, pensons-nous. Donc, attention à nos susceptibilités... Nous nous fions à notre pouvoir de chantage pour affronter l'avenir... Nous sommes en voie de devenir un dégueulasse peuple de maîtres-chanteurs. [...]"

«Songez que, depuis 22 ans, la province de Québec a été gouvernée par deux premiers ministres. Le premier est celui du "fédéralisme rentable". Nous allons rester au Canada si le Canada nous donne assez d'argent, argumente ce premier ministre. Il faudra cependant, ajoute le Rapport Allaire commandité par lui, que le reste du Canada nous cède à peu près toutes ses compétences constitutionnelles, sauf bien entendu celle de nous donner beaucoup d'argent. Et pour renforcer le chantage, on ne manque jamais de signaler que le [prétendu] droit du Québec à l'auto-détermination est inscrit au programme du parti dirigé par ce premier ministre, celui-là même qui se glorifie de ne pas pratiquer "le fédéralisme à genoux".

«L'autre premier ministre, c'était celui de la "souveraineté-association". Il exigeait pour le Québec tous les pouvoirs d'un pays souverain, mais soutenait néanmoins que ce pays ne serait pas indépendant. Sa question référendaire postulait précisément qu'un Québec souverain serait associé avec les autres provinces, et toujours que le dollar canadien continuerait d'y régner. Toujours l'argent !

«Ainsi, depuis 22 ans, l'électorat québécois souffre de l'ignominie de devoir choisir entre deux partis provinciaux pour qui la fierté d'être Québécois est négociable contre des espèces sonnantes. Et si par malheur le reste du Canada fait mine de n'être pas preneur à ce chantage, comme ce fut le cas avec l'Accord du lac Meech, on l'accuse de vouloir humilier le Québec !»

Annexe

**73. Démographie :
décroissance de la population
du Québec vers l'an 2010...**

■ Après avoir été les champions de la natalité, les Québécois francophones se caractérisent désormais par une natalité qui semble, à terme, insuffisante pour assurer le maintien du niveau actuel de population.

■ Lors des audiences de la Commission Bélanger-Campeau, les démographes Nicole Marcil-Gratton et Jacques Légaré de l'Université de Montréal ont d'abord évoqué le futur prévisible du Québec :

« En 2010, écrivent-ils, au moment où les enfants qui entrent actuellement à l'école primaire entameront leur vie adulte, au moment où leurs parents, nés du baby-boom, se dirigeront vers la retraite en créant le "papy-boom", cette année-là la population du Québec aura probablement connu son apogée numérique et s'engagera sur la voie de la décroissance.

« Dans l'ensemble canadien, de l'époque de la Confédération (1867) à celle des négociations de Victoria (1971) (*voir clef 14*), le Québec a su maintenir à quelques sursauts près son poids démographique autour de 30 % ; le mouvement de chute amorcé en 1970 ne s'est pas redressé, la fraction n'est plus que de 25 % en 1990, et il est plus que probable que la baisse se poursuive en 2010, avec peu d'espoir de pouvoir redresser significativement la tendance. »

■ Quel est donc l'enjeu de cette question ? Celui-ci, selon les deux démographes : « Les enjeux de la décroissance de la population revêtent une acuité particulière face à l'objectif du maintien d'une société culturellement distincte en Amérique du Nord. Et les solutions qui doivent être envisagées pour tenter de l'éviter ne sont pas étrangères aux choix constitutionnels qui seront faits [43]. »

---

74. Immigration : le rêve américain joue contre le Québec francophone.

■ Le Québec est-il capable d'intégrer ses immigrants à la culture francophone ? Voici ce que répondent les démographes Nicole Marcil-Gratton et Jacques Légaré : « Cet aspect, qui ne peut être exclu de la politique d'immigration du Québec, demeure épineux. On ne peut se permettre de perdre de vue que ceux qui quittent un autre continent pour venir s'établir ici participent au grand courant d'attraction du rêve américain, et que la maîtrise de l'anglais leur en semble la clé naturelle.

« Le choix qui leur est laissé d'utiliser l'une des deux langues officielles, si équitable peut-il sembler dans le cadre d'un fédéralisme de bonne foi, joue sans contredit en faveur de celle qui est déjà la plus favorisée : au milieu des années 1980, les deux tiers des immigrants internationaux au Québec ne connaissaient pas le français, une bonne part de ceux qui connaissaient le français connaissaient l'anglais, et plus de 80 % venaient s'installer à Montréal, là où le pouvoir d'attraction de l'anglais est le plus fort. »

■ L'élaboration d'une politique de population au Québec implique-t-elle des changements constitutionnels ? « Au Québec, répondent les deux démographes, les ennemis d'une politique efficace de population sont [...] la dispersion des différents leviers d'action démographique au sein des divers paliers de gouvernement (fédéral, provincial, municipal).

« Pour combattre [...] la dispersion des leviers d'action démographique, nous n'avons pas besoin d'attendre une révision constitutionnelle en profondeur : nous possédons déjà des moyens d'action [non] utilisés jusqu'à maintenant. Le premier geste à poser serait la reconnaissance de l'urgence de la question démographique [et la] définition d'une politique de la famille... »

« [...] il nous semble pertinent qu'au moment où le Québec songe à remettre en question le statu quo constitutionnel, il considère, parmi les prérequis de toute nouvelle forme d'association avec le Canada, le rapatriement sous sa juridiction des compétences partagées, dans les domaines ayant des incidences du point de vue d'une politique de population [44]. »

Notes

1. En 1982, on a profité du rapatriement de la constitution pour « canadianiser » les appellations des documents composant la constitution. Ainsi, chacun des *Actes* a vu son nom remplacé par les mots *Loi constitutionnelle*. L'*Acte de l'Amérique du Nord britannique* est maintenant appelé *Loi constitutionnelle de 1867*.

2. Pour en savoir plus sur la constitution de 1867, on peut lire avec intérêt le livre de Lorraine Pilette, *La constitution canadienne*, Les Éditions du Boréal, 1993, 118 p.

3. Voici un exemple de norme nationale. Pour recevoir l'argent que le gouvernement fédéral verse pour les soins de santé, chaque régime provincial doit se conformer à cinq normes. Ainsi un régime provincial doit entre autres respecter les critères de l'universalité et de l'accessibilité. Ainsi on ne peut réduire l'accès aux services en y faisant « obstacle, directement ou indirectement, par un mécanisme de facturation ou autre ». En d'autres mots, un gouvernement provincial qui voudrait introduire un « ticket modérateur » ne peut le faire... à moins de perdre les millions du gouvernement fédéral.

4. RÉMILLARD, Gil, « Historique du rapatriement », *Les Cahiers de Droit*, vol. 25, n° 1, mars 1984, p. 33. Cet historique, disponible en bibliothèque, présente une mine d'informations sur les nombreuses tentatives de rapatrier la constitution et les multiples ébauches de formules de rapatriement auxquelles elles ont donné lieu.

5. ROCHER, Guy, « Autour de la langue : crises et débats, espoirs et tremblements », in *Le Québec en jeu/Comprendre les grands défis*, sous la direction de Gérard Daigle, Montréal, Presses de l'Université de Montréal, 1992, pp. 423-450.

6. La notion de droit de veto est au coeur des relations entre le Québec et le reste du Canada. Rappelons que le mot veto vient du latin et signifie « je m'oppose ». On a longtemps cru jusqu'en 1981-1982 que le Québec, en tant que lieu où était concentré l'un des deux peuples fondateurs du pays, avait un droit de veto sur toute réforme engageant touchant à la fois le gouvernement fédéral et les provinces. On verra plus loin (*voir clef 27*) que cette habitude d'accorder au Québec un droit de veto n'avait pas force de loi et, donc, que le Québec n'avait pas, en fait, de droit de veto.

7. Gouvernement du Québec, Conseil exécutif, *La nouvelle entente Québec-Canada/Proposition du gouvernement du Québec pour une entente d'égal à égal : la souveraineté-association*, Québec, Éditeur officiel, 1979, 118 pages.

8. TRUDEAU, Pierre Elliott, « De la pauvreté de la pensée nationaliste au Québec », *L'actualité*, vol. 17, n°. 15, supplément, 1er octobre 1992, p. III.

9. CLARKSON, Stephen et MCCALL, Christina, *Trudeau/L'homme, l'utopie, l'histoire*, Montréal, Les Éditions du Boréal, 1990, p. 349.

10. RÉMILLARD, Gil, « Historique du rapatriement », *Les cahiers de Droit*, vol. 25, n° 1, mars 1984, p. 93.

11. En 1926, soit quelques années avant son accession à l'indépendance en 1931, le Canada a fait le choix de conserver comme monarques ceux de Grande-Bretagne. C'est aussi en 1926, à une « conférence impériale », qu'il fut décidé que le gouverneur-général du Canada ne représenterait plus le gouvernement britannique, mais uniquement la reine, dont le rôle, désormais, serait celui de chef d'État ou « d'arbitre impartial ». Que se passe-t-il quand le roi ou la reine meurt ? Réponse des constitutionnalistes Brun et Tremblay : « Le souverain ne meurt pas. Lorsque la personne du monarque meurt, la couronne passe automatiquement à son héritier protestant le plus rapproché. Parmi ses enfants, les fils sont préférés et le droit d'aînesse joue. » Sur cette question, voir le livre d'Henri Brun et Guy Tremblay, *Droit constitutionnel*, Cowansville, Les Éditions Yvon Blais, 1990, pp. 340-347.

12. RÉMILLARD, Gil, « Historique du rapatriement », *Les cahiers de Droit*, vol. 25, n° 1, mars 1984, p. 10.

13. RÉMILLARD, Gil, « Historique du rapatriement », *Les cahiers de Droit*, vol. 25, n° 1, mars 1984, p. 95.

14. EMERY, Georges, « Réflexions sur le sens et la portée au Québec des articles 25, 35, et 37 de la Loi constitutionnelle de 1982 », *Les cahiers de Droit*, vol. 25, n° 1, mars 1984, p. 145.

15. Cité par Daniel Latouche et Alain-G. Gagnon dans *Allaire, Bélanger, Campeau et les autres/Les Québécois s'interrogent sur leur avenir*, Montréal, Éditions Québec/Amérique, 1991, p. 45.

16. On peut obtenir, moyennant des frais minimes, un exemplaire du *Rapport Allaire* en communiquant avec l'ADQ au 460, rue Sainte-Catherine Ouest, Bureau 730, Montréal (Québec), H3B 1A7. Tél. : (514) 861-3221.

17. Commissariat aux langues officielles, *Le service au public/Une étude des bureaux fédéraux désignés pour répondre au public en français et en anglais*, Ottawa, Commissariat aux langues officielles, février 1995, 52 p.

18. Statistique Canada, *Les langues au Canada*, 1994, n° de catalogue : 96-313.

19. CASTONGUAY, Charles, « La progression de la francisation des allophones demeure très lente au Québec », *La Presse*, 2 juin 1994, cahier B, p. 3. Voir aussi, du même auteur, *L'assimilation linguistique : mesure et évolution*, Sainte-Foy, Conseil de la langue française, 1994, 243 p.

20. Il pourrait en être autrement selon les constitutionnalistes Henri Brun et Guy Tremblay, qui écrivent : « Il serait pourtant possible de garantir constitutionnellement la perpétuation de la francophonie canadienne tout en assurant les droits des minorités de langue officielle partout au Canada. » Voir BRUN, Henri et TREMBLAY, Guy, *Droit constitutionnel*, Cowansville, Les Éditions Yvon Blais, 1990, p. 766.

21. LEBLANC, Gérald, « Le tiers des francophones hors Québec se sont anglicisés », *La Presse*, 18 février 1995, section B, p. 6.

22. Commissariat aux langues officielles, *Nos deux langues officielles au fil des ans*, janvier 1992, 45 pages.

23. Pour une analyse complète de la situation ontarienne, on consultera l'excellent ouvrage de Serge Wagner et Pierre Grenier, *Analphabétisme de minorité et analphabétisation d'affirmation nationale/À propos de l'Ontario français*, Toronto, Ministère de l'Éducation, 1991, 500 pages.

24. Groupe pour le développement, *Étude sur le développement humain de l'Ontario français*, 1995, 32 p. On peut obtenir un exemplaire de cette étude en envoyant 10 $ au Groupe pour le développement, 180, rue Bruyère, appartement 507, Ottawa (Ontario), K1N 5E1.

25. BRUN, Henri et TREMBLAY, Guy, *Droit constitutionnel*, Cowansville, Les Éditions Yvon Blais, 1990, p. 751. Les personnes intéressées par les droits linguistiques trouveront un chapitre entier consacré à la question (Chapitre XI, *Les droits linguistiques*, pp. 729-769).

26. Ceux-ci sont présentés par ordre alphabétique d'auteur.

27. Le texte complet de la position de l'Action démocratique du Québec est inclus dans le *Guide de participation aux commissions sur l'avenir du Québec*, Gouvernement du Québec, Ministère du Conseil exécutif, Secrétariat national des commissions sur l'avenir du Québec, 1er trimestre 1995, 24 p.

28. Alliance des professeures et professeurs de Montréal, *Mémoire présenté à la Commission régionale de Montréal sur l'avenir du Québec*, février 1995, pp. 5-6.

29. Alliance des professeures et des professeurs de Montréal, *Mémoire présenté à la Commission sur l'avenir politique et constitutionnel du Québec*, novembre 1990, p. 16.

30. BOUCHARD, Lucien, extrait du discours du 22 mars 1995 à Beauport lors de la séance inaugurale de la Commission nationale sur l'avenir du Québec, Montréal, Bloc québécois, p. 5.

31. CHRÉTIEN, Jean, *Mémoire présenté à la Commission sur l'avenir politique et constitutionnel du Québec*, 17 décembre 1990, pp. 7-8. À cette époque, Jean Chrétien n'était pas encore premier ministre du Canada, mais chef de l'opposition officielle à la Chambre des communes et chef du Parti libéral du Canada.

32. CHRÉTIEN, Jean, *Mémoire présenté à la Commission sur l'avenir politique et constitutionnel du Québec*, 17 décembre 1990, pp. 14-15.

33. CHRÉTIEN, Jean, *Mémoire présenté à la Commission sur l'avenir politique et constitutionnel du Québec*, 17 décembre 1990, pp. 41-42.

34. CHRÉTIEN, Jean, *Mémoire présenté à la Commission sur l'avenir politique et constitutionnel du Québec*, 17 décembre 1990, pp. 33-34.

35. Conseil du patronat du Québec, *Le Canada de demain/Pour une constitution moderne/Mémoire soumis à la Commission sur l'avenir politique et constitutionnel du Québec*, novembre 1990, pp. 5, 6, 11, 16. Le Conseil du patronat est une centrale patronale de type confédéral regroupant des associations patronales et des entreprises employant environ 70 % de la main-d'œuvre du Québec. Le Conseil « surveille, affirme et défend les intérêts de l'entreprise libre au Québec en affichant des positions concrètes auprès du gouvernement, des syndicats et de l'opinion publique... »

36. JOHNSON, Daniel, extrait du discours tenu le 18 janvier 1995 à Toronto devant les membres du Canadien Club/Empire Club, Montréal, Parti libéral, p. 5. Le 23 avril dernier, le Réseau de télévision TVA rendait public un « document de travail » du comité chargé d'élaborer la position constitutionnelle du Parti libéral du Québec. On y apprend que ce Parti serait disposé à accepter la *Loi constitutionnelle de 1982* à trois conditions : la récupération par le Québec d'un droit de veto sur tout « changement d'importance aux institutions de la fédération », la décentralisation du régime fédéral et la gestion par le Québec des secteurs où sont en jeu l'identité culturelle et la spécificité de la société québécoise. Concrètement « il faudrait mettre un terme aux incursions du gouvernement fédéral par des normes ou des programmes de dépenses à frais partagés dans les domaines de la langue, de la culture, de l'éducation et de la formation professionnelle ainsi que dans les politique du marché du travail... »

37. Lors de la campagne électorale précédant les élections du 23 octobre 1993, ce programme constitutionnel ne fut pas mis de l'avant : le *Plan d'action libéral pour le Canada*, la plate-forme du Parti pour les élections, ne comporte aucune référence aux idées constitutionnelles du Parti.

38. Mouvement des caisses Desjardins, *L'avenir politique et constitutionnel du Québec/Mémoire présenté à la Commission sur l'avenir politique et constitutionnel du Québec*, Lévis, novembre 1990, pp. 11-12, 23, 37-38. Le Mouvement coopératif Desjardins compte quelque 18 000 dirigeants, 45 000 employés, près de cinq millions de membres et des actifs de 77 $ milliards.

39. Message du premier ministre Jacques Parizeau le 6 novembre 1994 à l'occasion du dépôt à l'Assemblée nationale de l'*Avant-projet de loi sur la souveraineté du Québec* et de l'annonce de la mise sur pied de l'opération de consultation par les commissions régionales sur l'avenir du Québec.

40. Parti Québécois, *La souveraineté, des réponses à vos questions*, Montréal, 1ᵉʳ trimestre 1995, pp. 10-11.

41. TREMBLAY, Réjean, « Deux cultures, deux notions de patrie », *L'actualité*, vol. 17, nᵒ 9, 1ᵉʳ juin 1992, pp. 73-74.

42. TRUDEAU, Pierre Elliott, « De la pauvreté de la pensée nationaliste au Québec », *L'actualité*, vol. 17, nᵒ 15, supplément, 1ᵉʳ octobre 1992, p. I.

43. MARCIL-GRATTON, Nicole et LÉGARÉ, Jacques, *L'avenir politique du Québec passe par son avenir démographique/Mémoire présenté à la Commission sur l'avenir politique et constitutionnel du Québec*, novembre 1990, p. 1.

44. MARCIL-GRATTON, Nicole et LÉGARÉ, Jacques, *L'avenir politique du Québec passe par son avenir démographique/Mémoire présenté à la Commission sur l'avenir politique et constitutionnel du Québec*, novembre 1990, pp. 10, 15-16, 17.

Index

Les chiffres renvoient aux clefs.

Table des matières

**Référendum : 74 clefs
pour un « oui »
ou
pour un « non »**

MARQUIS

ACHEVÉ D'IMPRIMER EN MAI 1995
SUR LES PRESSES DE
L'IMPRIMERIE D'ÉDITION MARQUIS
MONTMAGNY (QUÉBEC)